上海外国语大学
中国高校外语教师发展研究院 主办

主　编　查明建
执行主编　叶　青

外语教师发展研究

Foreign Language Teacher Development Studies

第一辑

上海外语教育出版社
SHANGHAI FOREIGN LANGUAGE EDUCATION PRESS

图书在版编目(CIP)数据

外语教师发展研究. 第一辑 / 查明建主编；叶青执行主编. —— 上海：上海外语教育出版社，2025.
ISBN 978-7-5446-8557-3

I. H09；G451.2

中国国家版本馆CIP数据核字第2025NX2151号

出版发行：**上海外语教育出版社**
（上海外国语大学内）邮编：200083
电　　话：021-65425300 (总机)
电子邮箱：bookinfo@sflep.com.cn
网　　址：http://www.sflep.com
文字编辑：赵天琪
责任编辑：钱明丹

印　刷：苏州市古得堡数码印刷有限公司
开　本：710×1000　1/16　印张 10.25　字数 201千字
版　次：2025年7月第1版　2025年7月第1次印刷

书　号：ISBN 978-7-5446-8557-3
定　价：45.00元

本版图书如有印装质量问题，可向本社调换
质量服务热线：4008-213-263

外语教师发展研究

上海外国语大学
中国高校外语教师发展研究院 主办

主编
查明建

执行主编
叶青

编辑部主任
钱明丹

地址
上海市虹口区大连西路 558 号

电话
021-55396179

电子邮件地址
wyjsfzyj@sflep.com

编委会委员（按姓名首字母顺序排列）

常红梅（北京联合大学）	陈则航（北京师范大学）
高永伟（复旦大学）	葛炳芳（浙江省教育厅教研室）
何　宁（南京大学）	胡杰辉（电子科技大学）
胡开宝（上海外国语大学）	蒋宇红（上海师范大学）
金立贤（澳门城市大学）	李淑静（北京大学）
李　媛（浙江大学）	刘宏刚（苏州大学）
刘建达（广东外语外贸大学）	刘杰英（广西国际商务职业技术学院）
孙　玉（上海外语教育出版社）	汤　青（上海市教师教育学院）
王　欣（上海外国语大学）	王雪梅（上海外国语大学）
吴　砥（华中师范大学）	徐锦芬（华中科技大学）
许悦婷（华南师范大学）	叶　青（上海外语教育出版社）
尹弘飚（香港中文大学）	查明建（上海外国语大学）
张红玲（上海外国语大学）	郑咏滟（复旦大学）
周　敏（杭州师范大学）	周异夫（北京外国语大学）

主编的话

教师是立教之本、兴教之源,这一论断阐明了教师在教育高质量发展国家战略中的核心地位。

《礼记·学记》说,"师严然后道尊,道尊然后民知敬学",它深刻揭示了尊师与重道和重学之间的关系。北宋著名教育家李觏指出,"善之本在教,教之本在师",向善的根基在于教育,教育的成效取决于教师,它强调了教师在立德树人中的关键作用,与"大先生"的教师教育目标一脉相承。

随着时代浪潮奔涌向前,数智时代知识似乎更加触手可及,外语教师被赋予了超越"知识传授"的深层使命,正如苏格拉底强调的,教师应该通过诘问引导学生发现内在的美德和理性,教师的任务并非灌输知识,而是引导学生成为真理的探索者。教师不再仅仅是师生关系中的主导因素,更应被视作社会系统中的独立体系而存在。在数字化重构教育生态的时代中,重塑外语学科的发展机遇,这是教师向外求索之"势";外语教师要在服务国家更高水平对外开放进程中实现更大的自我价值,这是教师自我成长之"志"。

当今世界正处于百年未有之大变局,中国与世界的关系正在发生深刻改变,国家发展对外语学科和外语教师发展提出了更高的要求。社会对外语教育的关注,一方面反映了社会对外语教育在新的时代所寄予的厚望,一方面也启示我们如何彰显外语教育的时代价值。外语教师应该通过提升专业素质能力在展现外语学科的内在价值、人才培养的育人价值和实施教育家精神铸魂强师行动中主动作为,应该充分发挥自身在语言、专业和跨文化沟通方面的独特优势,在构建中国话语体系、叙事体系和国际传播体系、在提高国家文化软实力和中外文化交流中挺膺担当。

德国存在主义哲学家雅思贝尔斯指出,教育的本质意味着一棵树摇动另一棵树,一朵云推动另一朵云,一个灵魂唤醒另一个灵魂。每一棵树是平等的,每一朵云是平等的,每一个灵魂也是平等的,作为人类灵魂工程师的外语教师与学生之间也是平等的,唯有师生平等,外语教师才能赋予学生"在洪流中保持清醒的能力"。

"新竹高于旧竹枝,全凭老干为扶持。"站在新时代风口,《外语教师发展研究》将秉持守正创新的价值坚守,为广大外语教师搭建教学交流、学术探讨、思想分享的平台,以具有引领性的研究成果推动跨学科对话和国际合作,助力铺就新时代外语教师正德厚生之道,提升教师职业幸福感、服务教师可持续发展。

《外语教师发展研究》是我们共同种下的一颗信念的种子,只要我们共同呵护,它就能够破土而出,经历风雨,拔节生长!

目 录

教师教育理论

005　社会文化理论视角下的 AI 时代外语教师专业发展
　　徐锦芬

019　教育数字化背景下的外语教师跨学科素养研究——内涵框架与提升路径
　　王俊菊　张聪

教师职业发展

031　数智赋能与教育家精神视阈下的高校外语教师发展
　　王雪梅

042　赛场扬帆，教海探航：我的外语教学之旅
　　王慧

054　融入与认同——教学大赛中的实践共同体与教师专业发展
　　范栩颖

教师素养与能力提升

064　数智时代外语教师跨文化能力的维度构建与发展路径探析
　　彭仁忠

088　中学德语教师情感调节策略与影响因素研究
　　李媛　滑郁文

107　"人工智能＋语言教育"应用场景下的外语教师人工智能素养框架研究
　　倪琴　陈靖　宣沫　王菊香

教师培训与继续教育

125　政策执行视角下的外语教师专业发展：内涵与需求体系建构
　　赵蓉晖　周洲

国际教师教育

140　自我民族志视角下的合作教学模式——以《高级英汉互译》中外教双师合作教学为例
　　肖维青

书评

156　走出象牙塔的翻译教育——《走出象牙塔：翻译教育再思考》书评
　　杨洋

Professional Development of Foreign Language Teachers in the AI Era from the Sociocultural Theory Perspective

社会文化理论视角下的 AI 时代外语教师专业发展

徐锦芬

提要：随着人工智能（AI）技术的迅猛发展，外语教师的专业发展面临着全新的机遇与挑战。本文旨在从社会文化理论的视角，深入探讨 AI 时代外语教师专业发展的路径与策略。本文首先概述了社会文化理论的核心概念，接着分析了 AI 技术带来的数字素养不足和角色危机等主要挑战，最后提出了 AI 赋能的教师学习共同体、AI 支持的教师反思以及 AI 驱动的教师身份重构三条突破路径，旨在促进外语教师在 AI 时代的持续专业成长与发展。

关键词：社会文化理论；外语教师专业发展；AI 时代

Abstract: With the rapid advancement of artificial intelligence (AI) technology, the professional development of foreign language teachers faces unprecedented opportunities and challenges. This paper aims to explore the pathways and strategies for the professional development of foreign language teachers in the AI era from the perspective of sociocultural theory. Firstly, it outlines the core concepts of sociocultural theory, followed by an analysis of the main challenges brought by AI technology, such as insufficient digital literacy and severe role crises. Finally, it proposes three breakthrough pathways: AI-empowered teacher learning communities, AI-supported teacher reflection, and AI-driven teacher identity reconstruction, aiming to promote the continuous professional growth of foreign language teachers in the AI era.

Key words: Sociocultural Theory; Professional Development of Foreign Language Teachers; AI Era

一、引言

近年来，国家对教师队伍建设的重视达到了前所未有的高度。习近平总书记多次强调，教育是强国建设、民族复兴之基，教师是教育事业发展的中坚力量，并提出要建设一支高素质、专业化、创新型的教师队伍，以推动教育现代化战略目标的实现（中共中央、国务院 2019）。在此背景下，教师专业发展已成为各级教育政策与实践的重要议题。在教育全球化与技术迅猛发展的双重驱动下，外语教师作为连接本土文化与世界文化的重要纽带，其专业发展尤为重要。外语教师不仅需要具备扎实的语言能力，还需要适应多元文化背景、掌握先进教学方法并积极应对人工智能（Artificial Intelligence，AI）等新技术带来的机遇与挑战。因此，深入剖析 AI 时代的外语教师专业发展，具有重要的学术和实践价值。

社会文化理论（Sociocultural Theory，SCT）作为一种强调社会互动与文化实践对个体发展影响的理论框架，为教师专业发展研究提供了强大的解释力（Shabani 2016；徐锦芬，李霞 2019）。一方面，社会文化理论关注教师在具体教学情境中的实践活动，强调通过社会互动、协作学习等提升教师专业能力，这与外语教师在实际教学中面对多样化学习者需求、跨文化交际挑战和技术整合的情境高度契合（Eun 2021）。另一方面，AI 技术的快速发展正在重新定义外语教学的方式与内容，例如智慧教学平台的普及和大数据驱动的个性化教学，对外语教师提出了新的技术素养和角色定位要求，将社会文化理论与 AI 时代的特点相结合，不仅能够更全面地剖析外语教师专业发展的内涵，还能为外语教师提供理论与实践的融合路径。基于此，本文拟从社会文化理论视角下探讨 AI 时代的外语教师专业发展。具体而言，首先概述社会文化理论的核心概念，然后分析 AI 时代外语教师专业发展所面临的困境，最后基于社会文化理论视角，阐释 AI 时代外语教师专业发展的突破路径。

二、社会文化理论概述

社会文化理论源于苏联心理学家 Lev Vygotsky 提出的"文化历史理论"，强调社会互动、文化背景和历史发展在个体心理机能形成中的核心作用。Vygotsky（1978）认为，思想的形成是高于个体化的社会化过程，因此个体认知发展并非孤立的心理过程，而是由社会文化因素共同塑造的结果。近年来，SCT 的影响逐渐扩大，已被广泛应用于外语教育领域（Lantolf 2000；Xu & Zhang 2023）。在外语教师专业发展研究中，SCT 提供了全新的解释框架：它突破了传统的二元论视角，将教师成长视为一个动态的社会建构过程（Johnson 2009），强调通过与环境和他人的持续互动实现教师身份与专业能力的不断发展。这一视角推动了教师发展研究从实证主义向解释主义的范式转变（徐锦芬，李霞 2019），进一步揭示了教师成长与其社会文化背景的深层联结。本文主要选取内化、中介、最近发展区、支架、能动性与情感体验等 SCT 核心概念进行探讨，以深入理解 AI 时代外语教师专业发展。

中介（mediation）指个体在与环境互动中通过文化工具和符号系统进行心理活动的过程。Vygotsky（1978）认为，所有高级思维过程都受中介调节，知识通过中介得以提炼和完善，并最终达成一致。中介可以表现为物质工具、符号系统（如语言、文字）或与他人的互动；通过这些中介，个体能够将自然的、自发的冲动转化为高级心理过程（高艳 2008）。在 AI 时代，智能技术（如智能教学系统和虚拟助教）成为重要的中介手段，在丰富教学资源的同时重塑了教师的专业发展模式。通过中介过程的调节，外部的文化工具和实践逐渐被个体吸收并转化为内部认知结构，这一过程即"内化"（internalization）。换言之，内化指个体通过社会互动，将外部的文化、语言和行为模式等转化为自身的内部心理过程，是人类高级心理机能形成的关键要素（徐锦芬，李霞 2019）。在教师专业发展中，内化表现为教师通过学习与实践，将社会文化背景中蕴含的知识、技能与经验转化为自身的专业能力，为实现职业成长奠定基础。

最近发展区（Zone of Proximal Development, ZPD）、支架（scaffolding）和能动性（agency）概念共同揭示个体学习过程中社会支持与自主发展的相互作用。ZPD 指个体实际发展水平和潜在发展水平之间的距离（Vygotsky 1978），表征为个体在当前能够独立完成的任务与在他人帮助下能够完成的更高难度任务之间的动态空间。个体在抵达潜在发展区过程中所获得的来自他人及其他中介的帮助即为"支架"（徐锦芬，李霞 2019）。因此，教师的专业成长不仅依赖于其现有能力，还需要通过组织、同伴或技术工具等提供的外部支持和指导等支架，来实现潜在发展目标。需要注意的是，这些支架形式并非永久存在，而是随着教师能力的增强逐步撤离，以促进其独立发展的能力。另一方面，SCT 强调个体主观能动性在学习发展过程中的作用（高洋等 2023）。能动性强调，个体并非知识的被动接受者，而应积极主动地参与到对现有社会文化资源和实践活动的重构与转化中，以此来适应并满足个体自身的发展需求。这种主动参与使得个体在社会支持的帮助下，充分利用 ZPD 所提供的发展空间，同时通过内化支架中获得的知识与技能，实现自我发展与能力提升。因此，ZPD 揭示教师成长的潜在可能，支架为其提供必要的外部支持，而能动性则是教师主动实现专业发展的核心动力。

情感体验（perezhivanie）是近年来 SCT 深耕的核心概念（秦丽莉，任伟 2021），用于分析人类意识发展中的情感与认知的相互作用（Veresov 2017）。这一概念强调情感与认知的辩证统一，并主张在两者之间寻求平衡，从而为解读个体的心理发展提供了一种非还原论的辩证视角和更全面的理解框架（Mok 2017）。情感体验涵盖情感反应和认知评估两极，其中情感反应代表个体的情绪体验，认知评估则涉及对这些情绪反应的分析和应对策略（Mok 2015）。正如 Lantolf & Swain（2019: 102）所指出，"辩证两极中的任意一极都无法脱离另一极而被完全理解"。情感体验的一个显著特点是其与个体当前所处的认知 – 情感情境的紧密联系，同时它也深受个体过往经历的影响，并指向未来（McCafferty 2018）。这一特性使得情感体验在个体心理发展中起着重要作用。AI 时代下，外语教师在面对技术变革、教学环境变化以及职业角色调整和身份重构时，常常伴随着情感张力和认知挑战。情感体验的作用体现在教师如何通过情感 – 认知的综合体验，对情境进行解读并找到有效解决方案，进而克服职业发展中的困难，进一步实现专业成长与创新。

三、AI 时代外语教师专业发展的挑战

AI 技术的飞速发展正在深刻地改变外语教育的格局。这些技术不仅为外语教学领域带来了前所未有的机遇，也对外语教师的专业素养和传统角色提出了新的挑战。一方面，教师在数字素养方面的不足日益凸显；另一方面，教育技术的介入削弱了教师作为知识权威的地位。在这一背景下，教师们正感受到日益增长的压力和危机意识。

1. 教师数字素养不足

2022 年 11 月，教育部发布了《教师数字素养》行业标准，将教师数字素养定义为"教师适当利用数字技术获取、加工、使用、管理和评价数字信息和资源，发现、

分析和解决教育教学问题，优化、创新和变革教育教学活动而具有的意识、能力和责任"（教育部 2022）。该标准对教师在数字化意识、数字技术知识与技能、数字化应用、数字化社会责任以及专业发展等维度提出了高要求。然而，外语教师目前普遍面临着数字素养不足问题，尤其是在数字化应用和实践方面亟需提升（胡杰辉，张铁夫 2023）。首先，随着智能技术的迅猛发展，教师需要掌握多种 AI 工具和平台，如智能辅导系统、自动评估工具及虚拟现实教学平台。然而，许多教师缺乏必要的技术知识和操作技能，难以高效利用这些工具进行教学设计和课堂管理。其次，AI 技术的不断更新要求教师持续学习和适应新的技术应用，但现有的培训资源和支持体系往往不足，导致教师难以跟上技术发展的步伐。教师不仅需要在教学中运用 AI 技术，还需在科研和其他专业实践中应用这些工具进行数据分析、研究设计等。然而，培训不足使得教师在这些领域同样面临数字化应用的挑战，限制了其科研能力和专业发展的潜力。最后，数字化自主学习能力的不足使得部分教师难以主动探索和掌握新技术，自主学习的动机和方法的缺失也导致教师在面对新技术时感到无所适从，从而进一步影响其职业成长和教学研究的持续进步。

2. 教师角色危机严峻

AI 技术，特别是以 ChatGPT 为代表的语言智能工具的快速发展和广泛应用，使得外语教师面临着严峻的角色危机。传统上，外语教师被视为知识传播者和课堂权威，掌握着学生获取语言知识的主要渠道。然而，随着智能技术的普及，学生能够通过电脑、手机和智能机器人等设备轻松访问海量的外语教育资源，并利用在线教育平台进行自主学习和交流讨论。这种变化动摇了教师作为"知识权威"的地位，使其不再是学生获取外语知识的唯一或主要来源（于银磊，饶辉 2023）。生成式人工智能产品的出现，彻底改变了知识的生产和传播方式。这些工具不仅具备强大的信息检索和组织能力，还能提供即时、个性化的语言学习支持，堪称"超级外语教师"。学生可以通过这些智能工具获得高质量的学习资源和即时反馈，从而减少了对传统教师角色的依赖。这种技术替代效应导致教师在课堂中的话语权和权威性受到挑战，进而引发教师对自身职业角色的不确定感和焦虑。教师角色危机还体现在教师身份的重新定位上。随着 AI 工具在教学和研究中的广泛应用，教师需要从传统的知识传递者转变为学习的引导者和促进者。这种转变不仅改变了教师的日常工作方式，还促使其重新审视和定义自身的职业身份。然而，身份认同的变化过程可能伴随着心理压力和适应困难，进一步加剧教师的角色危机。

四、SCT 视角下外语教师专业发展的突破路径

1. AI 赋能的教师学习共同体

教师学习共同体（professional learning community）强调由共同目标和实践连接的教师群体，通过持续的互动、协作和知识共享实现成员的共同成长。在学习共同体中，教师通过分享个人实践、参与反思性对话以及尝试创新教学策略开展集体学习（Chen 2023）。这种集体学习以深层次的合作实践为特征，例如通过共同探究与反思性对话等促进组织学习和教学改进（DuFour et al. 2016）。学习共同体的运行以系统性流程为基础，着眼于教学实践的审视与优化，同时致力于教师专业发展的持续深化（Liu et al. 2024）。这种以协作为核心的模式与 SCT 的核心观点高度契合。SCT 视角下，学习共同体不仅是教师知识建构的场域，更是教师专业身份形成与发展的重要纽带。此外，学习共同体的有效运行依赖于共享价值观、集体责任感、成员间的信任关系以及支持性组织文化等关键条件（Moosa et al. 2024）。这些条件为共同体成员提供必要支架，帮助他们在实践中达到潜在发展区的能力上限。

在 AI 技术的推动下，学习共同体的内涵与实践得到进一步扩展，呈现出技术赋能的独特优势。AI 技术作为中介工具，不仅突破了时空限制，为成员提供即时的资源共享与多模态协作支持，还能通过动态反馈与个性化建议，提升成员的能动性和参与深度（Eun 2021）。例如，外语教师可以借助 AI 驱动的学习平台获取最新的教学研究成果，参与跨区域的虚拟协作，与全球教育者共同探索教学创新。这种技术赋能的学习共同体使教师能够在协作中内化新知识、重构专业身份，并在快速变化的教育环境中持续成长，构建出更加适应 AI 时代需求的专业素养与实践能力。此外，AI 赋能的学习共同体在提升教师数字素养方面可以发挥关键作用。这些共同体提供系统化的数字技能培训和实践机会，使教师能够学习和掌握最新的数字工具和技术

应用方法,从而有效弥补数字化实践方面的不足。

近年来,我国积极推进 AI 技术在教育领域的应用,特别是在教师学习共同体的建设中已取得一定进展。政策层面,《中国教育现代化 2035》明确提出建设智能化教学、管理和服务平台,旨在利用数字技术提升教育质量和效率。此外,教育部发布的《关于开展虚拟教研室试点建设工作的通知》(教高司 [2021]10 号)强调打造理念先进、覆盖全面、功能完备的虚拟教研室,推动高校协同建设精品教学资源库、优秀教学案例库和优质教师培训资源库,促进教师专业发展和教学水平提升。实践层面,北京外国语大学文秋芳教授团队构建了聚焦研究产出导向法的"云教研共同体",依托互联网技术创建了跨学校、跨语种、跨地区的外语教师专业学习共同体(文秋芳 2022)。自 2020 年启动以来,云教研共同体已覆盖全国百余所高校,吸引了 500 多名教师积极参与。该共同体通过线上线下相结合的方式,组织教师开展教学研讨、经验分享和专业培训,促进教师在教学理念和实践上的共同提升。

综合而言,AI 赋能的教师学习共同体通过技术这一中介,深化了教师之间的协作与互动,促进了知识的共享与内化。这种融合不仅有助于教师专业身份的形成与发展,还为其提供了达到潜在发展区的支架,有助于提升整体教学实践的有效性和创新性。

2. AI 支持的教师反思

反思是教师思维的核心要素,也是教师专业发展的关键组成部分(Zeichner & Liston 1987)。通过反思,教师能够观察和评估自身的经验和思考,将其概念化,以提高对情感、信念和假设的认识,从而从分析的视角审视自身的专业实践(Kolb 1984)。外语教师的反思不仅限于教学行为的回顾,更扩展到教学理念、科研活动、课程设计、学生互动以及职业发展等多个方面。通过持续的自我评估与调整,教师能够在多维度上实现专业成长和能力提升。

学界对教师反思的概念探讨经历了多个发展阶段,形成了多种理论模型以解释和指导其反思实践(Körkkö et al. 2016)。早期,Dewey(1933)提出"反思性思维"(reflective thought)概念,将其定义为对任何信念或假定知识形式的积极、持久且仔细的考量，并强调要基于充分的理由和依据来审视和评估这些信念或知识形式。他指出反思是一种实践，通过这种实践，个体可以用理性、科学认可的替代方案取代个人的冲动行为。Mezirow（1981）则强调反思的批判性，认为批判性反思要求教师对自身的假设和前提持有批判性的立场，从而实现转化性学习。Kolb（1984）基于 Dewey（1933）的理论提出了四阶段反思模型：反思性观察、抽象概念化、主动试验和具体经验。Schön（1983）引入了三个反思层次：第一层是"问题设定"，关注现象的确定与描述；第二层是"实验框架"，从不同视角思考反思的主题；第三层是"行动决策"，通过多角度审视最终确定行动方案。Schön（1987）进一步区分了三种反思形式：行动后的反思（Reflection-on-action）、行动中的反思（Reflection-in-action）和行动前的反思（Reflection-for-action），分别对应于行动后的回顾、行动中的分析和行动前的规划。在此基础上，Jay & Johnson（2002）提出了三阶段反思模型：在描述阶段，教师明确问题并确定反思重点；在比较阶段，教师结合其他人的观点或研究对反思主题进行重新审视；在批判阶段，教师评价不同选择，并将新信息整合到已有知识中，从而通过批判性反思形成对专业实践的全新理解。反思理论模型的更迭展示了反思在教师专业发展中的多样性和深度。

SCT 框架下的情感体验可以为理解外语教师的反思提供重要视角，有助于深入了解教师在反思各阶段中所经历的情感与认知变化及其对反思效果的影响。这一视角强调教师情绪体验与认知活动的辩证统一，认为情感体验在反思过程中不仅影响教师的情绪状态，还对其认知评估和专业策略的调整起到关键作用（Veresov 2017; Mok 2017）。因此，教师的情感体验与其反思活动紧密相连，将情感体验融入反思实践各阶段能够全面揭示情感与认知在教师专业发展中的互动关系，提升反思实践的有效性和适切性，进而促进教师在教学、科研及其他专业活动中的持续进步。在 AI 技术的支持下，教师反思实践中的情感反应和认知评估能够达成更好的平衡。首先，基于自然语言处理和情感识别技术，AI 系统可以实时监测教师在反思过程中的情绪状态。例如，智能助理可以分析教师的文字或语音输入，识别其情绪变化，如压力、焦虑或满足感，并及时提供相应的反馈和支持，以帮助教师更好地调整自身情绪，促使他们在反思过程中保持积极的情感状态。其次，AI 系统可以通过数据分析，帮助教师评估其反思过程中的认知活动。例如，智能教学分析工具能分析教师的教学数据，识别教学策略的有效性，并提供基于证据的改进建议。这种评估使教师能够更客观地审视自己的专业实践，从而进行有针对性的优化。

3. AI 驱动的教师身份重构

教师身份是教师在其职业生涯中形成的自我认知、价值观、信念和角色认同的综合体现，由多个相互协调的子身份组成，包括反映教师真实自我认知的"实际身份"（actual identity）、体现教师期望和目标的"理想身份"（ideal identity）以及规定教师应具备的"规范身份"（normative identity）（Beijaard et al. 2004）。教师身份在外语教师的专业发展中扮演重要角色，对教师的工作满意度、工作投入度、自我效能感等都会产生影响（Chong & Low 2009；Rodgers & Scott 2008）。现阶段教育领域对教师身份构建主要从以下几种视角进行探讨，包括心理社会视角（关注个体内在世界）、主体间视角（个体与社会因素同等重要）、叙事资源视角（身份在社会文化语境中形成）以及对话视角（身份在与社会、政治和文化背景相关的持续对话中发展）等（Körkkö et al. 2016）。

与上述视角相比，SCT 强调个体与其社会文化环境之间的动态互动，关注教师在专业实践中的能动性、内化过程以及文化工具的使用。根据 Vygotsky（1978）的观点，教师不仅是知识的传递者，更是学习过程中的积极参与者和推动者。能动性概念指出，教师在身份构建过程中并非被动接受外部影响的主体，而是积极参与和塑造自身身份的能动者（徐锦芬 2021）。此外，SCT 中的中介和 ZPD 等核心概念，提供了理解教师如何通过与学生、同事及教育技术互动来发展和重塑其身份的理论基础。中介作用强调文化工具（如语言、技术等）在教师身份构建中的重要性，而 ZPD 则揭示了教师在与更有经验的同事或先进技术互动中能够实现的潜在发展。因此，基于 SCT 视角能够更加全面而动态地探讨教师身份的建构过程。

在 AI 时代，人工智能的快速发展和广泛应用正深刻影响着外语教师的身份构建与重塑过程（于银磊，饶辉 2023），教师需要成为智能技术的学习者，以人工智能促专业发展。作为一种重要的文化工具，AI 能够改变教师的专业实践和角色认同，推动教师身份的动态重构。AI 工具如智能辅导系统和自动评估工具赋予教师更大的能动性，促使其在教学过程中更灵活地支持学生的自主学习。同时，AI 技术在教师的学术科研活动中也发挥重要作用，通过数据挖掘和分析工具等可以帮助教师更高效地进行外语教育教学研究，从而提升其科研能力和学术贡献。AI 也在推动着教师专业技能的升级。外语教师需更加频繁地与 AI 互动并掌握新技术的使用，这有助于促进其对新兴教育技术作用的理解和认同，也会增强教师的专业素养和自我效能感，推动教师身份的现代化和专业化。此外，AI 技术还可通过提供跨文化交流平台和多元化资源，促进教师在全球化教育环境中的身份认同和文化适应能力，推动教师身份的国际化和多元化发展。总体而言，AI 技术通过促进外语教师的实际身份、理想身份和规范身份的转变，不仅能够帮助教师突破角色危机，不断充实自己的规范身份，还可缩短实际身份与理想身份之间的距离，逐步实现其最佳专业发展水平。

五、结语

随着人工智能技术的迅猛发展，外语教师的专业发展迎来了前所未有的机遇与挑战。本研究基于社会文化理论视角探讨了 AI 赋能的教师学习共同体、AI 支持的教师反思以及 AI 驱动的教师身份重构三大突破路径，揭示了 AI 技术在提升教师数字素养、重塑教师角色认知和职业身份等方面的核心作用。AI 时代不仅是外语教师专业发展的契机，也是其身份与实践转型的关键时期。只有通过有效应对挑战，积极拥抱技术变革，外语教师才能在快速变化的教育环境中实现持续的专业成长与自我超越，最终达到最佳的职业发展水平。

参考文献

[1] Beijaard, D., Meijer, P. C., & Verloop, N. Reconsidering research on teachers' professional identity [J]. *Teaching and Teacher Education*, 2004, 20(2): 107–128.

[2] Chen, L. *Understanding Teacher Learning in Professional Learning Communities in*

China [M]. London: Routledge, 2023.

[3] Chong, S., & Low, E. Why I want to teach and how I feel about teaching-formation of teacher identity from pre-service to the beginning teacher phase [J]. *Educational Research for Policy and Practice*, 2009, 8(1): 59–72.

[4] Dewey, J. *How We Think: A Restatement of the Relation of Reflective Thinking to the Educative Process* [M]. Boston: DC Heath and Company, 1933.

[5] DuFour, R., DuFour, R., Eaker, R., Many, T. W., & Mattos, M. *Learning by Doing: A Handbook for Professional Learning Communities at Work* (3rd ed.) [M]. Bloomington, IN: Solution Tree Press, 2016.

[6] Eun, B. Teachers learning to teach: professional development based on sociocultural theory for linguistically and culturally diverse classroom [J]. *Professional Development in Education*, 2021, 49(5): 914–924.

[7] Jay, J. K., & Johnson, K. L. Capturing complexity: A typology of reflective practice for teacher education [J]. *Teaching and Teacher Education*, 2002, 18(1): 73–85.

[8] Johnson, K. E. *Second Language Teacher Education: A Sociocultural Perspective* [M]. New York, NY: Routledge, 2009.

[9] Kolb, D. A. *Experiential Learning: Experience as the Source of Learning and Development* [M]. Englewood Cliffs, New Jersey: Prentice-Hall, 1984.

[10] Körkkö, M., Kyrö-Ämmälä, O., & Turunen, T. Professional development through reflection in teacher education [J]. *Teaching and Teacher Education*, 2016, 55: 198–206.

[11] Lantolf, J. P. (ed.). *Sociocultural Theory and Second Language Learning* [M]. Oxford: Oxford University Press, 2000.

[12] Lantolf, J. P., & Swain, M. Perezhivanie: The cognitive–emotional dialectic within the social situation of development [A]. In Al-Hoorie A. H., & MacIntyre P. D. (eds.). *Contemporary Language Motivation Theory: 60 Years since Gardner and Lambert (1959)* [C]. Bristol, UK: Multilingual Matters, 2019. 80–108.

[13] Liu, S., Wang, Y., & Yin, H. A Meta-analysis of the correlation between professional learning communities and teachers' efficacy beliefs (in press) [J]. *Educational Research*

Review, 2024, 100660.

[14] McCafferty, S. Vygotsky on the consciousness and the application to second language development [A]. In Lantolf, J. P., Poehner, M. E., &Swain, M. (eds.). *The Routledge Handbook of Sociocultural Theory and Second Language Development* [C]. New York: Routledge, 2018. 75–88.

[15] Mezirow, J. A critical theory of adult learning and education [J]. *Adult Education*, 1981, 32(1): 3–24.

[16] Mok, N. Toward an understanding of perezhivanie for sociocultural SLA research [J]. *Language and Sociocultural Theory*, 2015, 2: 139–159.

[17] Mok, N. On the concept of perezhivanie: A quest for a critical review [A]. In Fleer, M., Rey, F. G., & Veresov, N. (eds.). *Perezhivanie, Emotions and Subjectivity: Advancing Vygotsky's Legacy* [C]. Singapore: Springer, 2017. 19–46.

[18] Moosa, V., Salleh, S. M., & Hamid, L. Defining and operationalizing professional learning communities: What does the literature say? [J] *Asia Pacific Journal of Education*, 2024, 44(2): 475-487.

[19] Rodgers, C. R., & Scott, K. H. The development of the personal self and professional identity in learning to teach [A]. In Cochran-Smith, M., Freiman-Nemser, S., McIntyre, D. J., & Demers, K. E. (eds.). *Handbook of Research on Teacher Education* (3rd ed.) [C]. New York: Routledge, 2008. 732–755.

[20] Schön, D. A. *The Reflective Practitioner: How Professionals Think in Action* [M]. London: Temple Smith, 1983.

[21] Schon, D. A. *Educating the Reflective Practitioner: Toward a New Design for Teaching and Learning in the Professions* [M]. San Francisco: Jossey-Bass, 1987.

[22] Shabani, K. Applications of Vygotsky's sociocultural approach for teachers' professional development [J]. *Cogent Education*, 2016, 3(1): 1252177.

[23] Veresov, N. The concept of perezhivanie in cultural–historical theory: Content and contexts [A]. In Fleer, M., Rey, F. G., & Veresov, N. (eds.). *Perezhivanie, Emotions and Subjectivity: Advancing Vygotsky's Legacy* [C]. Singapore: Springer, 2017. 47–70.

[24] Vygotsky, L. S. *Mind in Society: The Development of Higher Psychological Processes* [M]. Cambridge: Harvard University Press, 1978.

[25] Xu, J., & Zhang, S. The effect of the cognitive–emotional dialectic on L2 development: Enhancing our understanding of perezhivanie [J]. *The Modern Language Journal*, 2023, 107: 161–178.

[26] Zeichner, K. M., & Liston, D. P. Teaching student teachers to reflect [J]. *Harvard Educational Review*, 1987, 57(1): 23–48.

[27] 高艳. 从社会文化理论的角度论语言教师的中介作用 [J]. 外语教学理论与实践, 2008, (3): 93–96+87.

[28] 高洋, 曾罡, 王晓晨. 社会文化理论视域下高校青年英语教师多元身份发展研究 [J]. 西安外国语大学学报, 2023, 31(3): 73–78.

[29] 胡杰辉, 张铁夫. 中国高校外语教师数字素养的信念与实践研究 [J]. 外语与外语教学, 2023, 332(5): 73–85.

[30] 教育部. 教育部高等教育司关于开展虚拟教研室试点建设工作的通知 [EB/OL].（2021-07-12）[2024-11-12]. http://www.moe.gov.cn/s78/A08/tongzhi/202107/t20210720_545684.html?eqid=9960064f000c737c00000004643165c7

[31] 秦丽莉, 任伟. "过往情感经历"视角下学生在信息技术丰富的语言学习环境中转化"生态给养"的情况调查（英文）[J]. Chinese Journal of Applied Linguistics, 2021, 44(2): 187–202+263.

[32] 文秋芳. "云连接论"的构想和应用 [J]. 外语教学与研究, 2022, 54(1): 66–78+159–160.

[33] 徐锦芬, 李霞. 社会文化理论视角下的高校英语教师学习研究 [J]. 现代外语, 2019, 42(6): 842–854.

[34] 徐锦芬. 应用语言学研究的国际动态与前沿分析 [J]. 现代外语, 2021, 44(4): 448–455.

[35] 于银磊, 饶辉. 智能时代大学外语教师的角色危机与身份重塑 [J]. 外语电化教学, 2023, (3): 79–85+124.

[36] 新华社. 中共中央、国务院印发《中国教育现代化2035》[EB/OL].（2019-02-23）[2024-11-10]. https://www.gov.cn/zhengce/2019-02/23/content_5367987.htm

[37] 中华人民共和国教育部. 2022. 中华人民共和国教育行业标准：教师数字素养JY/T 0646-2022 [S].

作者单位：华中科技大学外国语学院，湖北武汉 430074

A Study of FL Teachers' Interdisciplinary Literacy in the Context of Educational Digitalization: Connotations and Pathways

教育数字化背景下的外语教师跨学科素养研究
——内涵框架与提升路径[①]

王俊菊[1] 张聪[2]

提要：教育数字化背景下，跨学科素养已成为外语教师适应数智化教育、提升教学质量的关键基础。本文首先分析教育数字化对外语教师跨学科素养的新要求，之后尝试性提出跨学科素养的内涵框架，并讨论可能的提升路径。本文认为，跨学科素养包括多学科知识整合能力、跨学科思维能力、跨学科实践能力、数字化技术应用能力、跨文化胜任力等核心要素，需从数字化教学思维、跨学科知识体系、跨文化育人能力、可持续发展空间等方面进行系统优化，以期为外语教育的发展提供理论支持与实践参考。

关键词：教育数字化；外语教师；跨学科素养；内涵与路径

Abstract: In the context of educational digitalization, interdisciplinary literacy has become a crucial indicator for foreign language teachers to adapt to digital and intelligent education and improve teaching quality. This paper first analyzes the new requirements that educational digitalization imposes on the interdisciplinary literacy of foreign language teachers. It then proposes a tentative framework for the connotations of interdisciplinary literacy and discusses possible pathways for its enhancement. It is suggested that interdisciplinary literacy encompasses key elements such as the ability to integrate knowledge across disciplines, interdisciplinary thinking skills, interdisciplinary practical competence, digital technology application skills, and intercultural competence. To develop interdisciplinary literacy, teachers should make efforts to improve their digital teaching mindset, interdisciplinary knowledge systems, intercultural education competence, and sustainable development opportunities. It is hoped that this study can provide theoretical support and practical references for the advancement of foreign language education.

---

① 本文系国家社科基金年度项目新时代中国高校外语教师数智评价素养研究（项目编号：22BYY087）的阶段性研究成果。

Key words: Education Digitalization; Foreign Language Teachers; Interdisciplinary Literacy; Connotations and Pathways

---

1. 引言

近年来，人工智能等信息技术迅猛发展，数字化转型已成为全球教育体系变革的重要驱动力，要求教师具备相关能力并适应数字化教育。联合国教科文组织2024年发布的《教师人工智能能力框架》将人工智能素养列为教师必备素养，指出广大教师所需要掌握人工智能相关的知识、技能和态度，提倡构建涵盖计算机科学、信息技术、艺术、社会科学、语言和人文学科等多个领域的跨学科核心课程。为此，教师必须具备跨学科意识，打破自身学科界限，走出学科本位，抛弃简单思维，尝试多种教学方式，促进多学科知识的融会贯通（宋时春2025）。

外语教育作为全球化人才培养的重要支点，正面临着前所未有的挑战与机遇（崔莹等2024），传统的教师职业能力已难以适应新时代外语教育需求。数字化时代的外语学习更加注重技术赋能和个性化发展，要求外语教师不仅要具备语言教学能力，还需要掌握教育技术、心理学、认知科学等多学科领域的知识并付诸实践。具备跨学科素养能够促进学科知识与语言学习的融合，有助于教师优化课程设计，促进创新思维，推动教学突破，提升教育质量，为培养具备全球视野和创新思维的复合型人才奠定坚实基础。

跨学科教育是培养创新型人才的重要途径，高校教师是推动教学创新和育人方式变革的关键力量，肩负着培养新质人才的重任，同时面临技术驱动对其知识权威性、育人主体性和技术适应力的新挑战（洪化清，乔玉飞2024）。因此，在"强国必先强教、强教必先强师"的新形势下，高校教师具备跨学科素养的作用和重要性愈发凸显。在教育数字化背景下探讨外语教师的跨学科素养内涵及其发展路径，对提升外语教育质量具有重要的现实意义。

2. 教育数字化对外语教师跨学科素养的新要求

教育数字化通过数据分析技术，对教育过程进行深入洞察，个性化定制教育路径，强调知识共享，是教育形态的重塑（戴岭，祝智庭 2023）。这样的范式转变也推动了外语教育的深刻变革，突破了传统语言教学的学科边界，促使外语教师从"单一语言专家"向"复合型教育者"转型（朱耀云，王俊菊 2024），从单纯的知识传递者，转变为学生学习过程中的引导者和协作者，更多地关注学生的学习过程，引导学生自主学习、探究学习（李志民 2024）。换言之，外语教学内容目标不再局限于语言知识及运用，而是转向基于语言的多学科学习和跨学科能力。因此，为适应新形势下的外语教育转型发展，除语言知识外，外语教师要具备跨学科素养，需在技术素养、多学科知识、学科融合创新以及终身学习等方面实现跨学科能力的重塑。

首先，外语教师需要构建"数字技术+语言教学"的共生能力。这意味着数字化时代的外语教师需要熟练掌握各项必要的数字技术并将其深度融入教学实践，能够利用人工智能、虚拟现实和增强现实等技术手段提升外语教学的互动性和沉浸感（王雪梅，周茂杰 2024）。同时，教师还需具备数据分析能力，运用在线教育平台、智能教学工具和大数据分析等，深入观察语言学习的内在过程和个性特征，优化数智赋能的外语教学策略，促进外语教学模式从传统课堂向数字化、智能化、个性化方向转变。

第二，外语教师需要形成"语言+X"的学科融合创新能力。新文科建设强调跨学科交叉与融合（樊丽明 2022），《关于全面深化新时代教师队伍建设改革的意见》也明确提出要促进教师知识结构的跨学科更新。这要求外语教师要超越单一学科背景，构建多维知识联结网络，形成"语言+X"的复合创新能力，在教学中能够引入计算语言学、自然语言处理等技术，还应具备教育学、心理学、国际商务、涉外法律等领域的专业知识和素养，通过跨学科融合，创设多元化教学场景，将外语学习与其他学科结合起来，创造更具吸引力和实用性的学习体验。

第三，外语教师需要提升"数字人文"跨文化胜任力。在对外传播与数字化教育的双重驱动下，外语教师需要大力提升跨文化胜任力，能够利用数字人文手段开展教学与研究，分析语言和文化的发展趋势，利用数字媒体资源丰富教学内容。此外，还应掌握数字伦理、跨文化传播策略，不断加深对世界多元文化的理解，能够应对复杂的国际交流环境，努力培养数字时代的文明对话使者（崔希亮 2025；张红玲，孙有中 2024）。

第四，外语教师需要发展"数据智能＋教学决策"的闭环整合能力。数据智能在教育领域的广泛应用，意味着外语教师需要形成技术认知、应用与创新的闭环能力，掌握学习分析、智能评测等技术手段（王雪梅，周茂杰 2024）。在日常教学中通过数据追踪分析学习行为，识别学习困难，构建学生数字画像，并据此提供个性化教学方案（胡开宝，李娟 2024）。同时，还应设计富有创意的教学活动和评估方式，激发学生的学习兴趣和参与度，不断丰富数字教材、慕课、微课、虚拟仿真课程等教学资源，推动数据驱动的个性化教育。

第五，外语教师需要培育"持续进化"的终身学习基因。不断变化的社会环境和教育形势要求外语教师不断更新知识体系，掌握前沿技术，积极参与各种专业发展培训活动，大力提升批判性思维和创新能力，通过持续学习和自我提升，能够在数字化教育转型和多学科教育潮流中保持竞争力，促进职业发展，实现身份蜕变。

以上要求表明，外语教师的跨学科素养是教育数字化背景下教育强国建设的必然要求，体现了外语教育从"跨文化交际"向"文明互鉴"的深刻转变（张红玲，孙有中 2024），需要外语教师通过技术赋能、知识融合、数据驱动等方式大幅提升跨学科素养，为培养全球视野下的国际传播人才提供核心支撑。

3. 教育数字化背景下外语教师跨学科素养的内涵建构

跨学科素养是指个体在不同学科知识、方法和思维方式之间进行融合、迁移和创新的能力（杨小丽，雷庆 2022）。与多学科概念不同，跨学科强调超越单一学科的局限，通过整合多领域知识以解决复杂问题，促进创造性思维的发展（马永红，张晓会 2023）。对于教育者而言，跨学科素养不仅要求掌握本专业的知识，还需具备综合理解和整合运用其他相关学科知识的能力。笔者认为，在教育信息化背景下，外语教师的跨学科素养应包括多学科知识整合能力、跨学科思维能力、跨学科实践能力、数字化技术应用能力、跨文化胜任力等核心要素。

3.1 多学科知识整合能力

多学科知识整合能力是指外语教师能够理解相关学科的基本概念、理论和方法，能够跨学科运用不同学科的相关知识。如今，外语教学已经从传统的语言知识传授发展到与其他学科交叉融合的模式，"外语+人工智能""外语+国际关系"等跨学科专业和课程体系不断增多（张红玲，孙有中 2024）。对外语教师而言，除精通本学科知识外，还需要系统整合教育学、心理学、国别区域学及人工智能、大数据分析等相关领域的知识体系。

为此，外语教师需要融合认知科学、学习心理及现代教育理论，探索符合学生认知规律的教学方法，还应积极建构并拓展人工智能、国际关系、跨文化研究、国际传播等关联领域的知识图谱，在教学实践中落实跨学科知识的情景化迁移。这种多维度的知识整合能力，既能丰富教学内容的表现形式，又能通过跨学科视角重构语言学习场景，落实综合语言应用能力与学科交叉思维的培养（戴炜栋等 2020），实现"一专多能、一精多会"的双重教育目标（何莲珍 2023）。

3.2 跨学科思维能力

外语教师的跨学科思维能力是推动教学革新与学科深度融合的核心素养，其本质在于打破学科壁垒，通过多维视角构建语言教学与复杂现实问题的联结纽带，具体体现在系统思维、批判性思维和创新思维等方面。

系统思维从整体出发将不同学科的知识体系进行整合，理解语言、文化、社会、科技之间的相互关系，这要求外语教师在教学中要突破语言学科的单一局限，系统整合不同知识领域的关联逻辑，通过分析社交媒体语言演变揭示科技对文化传播的影响，结合区域国别研究设计跨文化交际课程。批判性思维驱动教师反思传统教学模式，从多角度分析问题并提出创新性解决方案。例如，可以结合数字人文工具开发虚实融合的教学场景，也可通过社会语言学调查设计方言保护项目或借助认知心理学策略优化二语词汇记忆模型。创新思维则体现在突破性教学实践中，通过灵活运用多学科知识，提出新观点和新方法。例如，可以融合文学叙事学与媒体传播理论开发影视英语课程，也可基于人工智能技术构建个性化学习路径。

3.3 跨学科实践能力

外语教师的跨学科实践能力是联结多学科理论与教学创新的行动枢纽，其核心在于将跨学科知识转化为可操作的教学策略与学习成果。在课程设计层面，外语教师需突破传统语言课程边界，协同其他学科的师资力量开发"外语＋人工智能""外语＋大数据""外语＋国际商务"等跨学科课程（胡开宝，高莉 2024），通过解析语料库、构建虚拟仿真实训等跨学科实践，实现语言能力提升与多学科前沿领域的深度耦合。

此外，跨学科实践能力也体现在跨学科合作能力上。外语教师可以主动搭建与计算机科学、经济学、传播学等领域专家及行业从业者的协作网络，联合开发智能教学系统，通过机器学习分析语言习得轨迹，使外语教学更贴近真实社会需求。此外，还可以设计科技新闻编译项目串联专业英语与科技传播知识，通过模拟联合国气候变化谈判活动整合环境议题与表达训练。这种问题导向的跨学科实践能力，可以强化外语教学与数字时代社会需求的适配性，塑造"做中学"的沉浸式场景，培养复杂问题解决能力与跨领域协作素养。

3.4 数字化技术应用能力

外语教师的数字化技术应用能力是构建数字化外语教育新生态的核心支撑，体现在信息技术工具与外语教学在情境性、交互性上的深度融合，通过语言大数据、虚拟现实、智能评估、数字反馈等手段，重塑语言学习的新空间与新方式，培养能够驾驭数字工具、适应人机协同语言生态的新时代国际化人才。

为此，外语教师需要熟练运用语言大数据模型，深入分析学生的学习行为，并根据数据精准推荐学习内容，及时调整教学策略，彰显外语教学的个性化和动态性。例如，可以基于词汇习得轨迹推送个性化语料库；通过追踪学生在线阅读时长、互动频次等聚类数据，动态调整教学重点；通过仿真场景模拟国际商务谈判中的多模态交际；利用虚拟仿真技术将城市地标转化为嵌入真实社会语境的跨文化语篇任务；借助语音识别技术实时标注发音偏误频谱图；结合人工智能批改作文并系统生成修辞风格优化建议。上述技术赋能的不同选择和多元手段，通过虚实交融的场景设计和数据驱动的精准干预，推动着外语教育向智慧化、自适应方向演进。

3.5 跨文化胜任力

外语教师的跨文化胜任力是外语教育人文性与工具性双重属性的集中体现，其本质在于通过语言教学搭建文化对话的桥梁，培养学生在全球化语境中实现有效沟通与协作的核心素养。在复杂多变的国际大背景下，外语教师要具备全球视野和深刻的文化理解力，深入理解不同文化的思维模式、价值观和交际方式，深挖文化深层逻辑，以便更有效地教授跨文化交际能力。

实际教学中，可以通过对比中西叙事中的隐喻差异揭示思维模式分野，借助非语言交际案例解析跨文化误解的生成机制，系统性提升学生的文化解码能力；将气候变化、数字经济、人工智能伦理等全球性议题转化为课堂讨论的焦点；通过模拟联合国引导学生探讨粮食安全与语言权利的关系，将语言训练与全球公民意识培育有机融合；选取"一带一路"沿线国家的新闻评论构建批判性阅读任务；通过分析跨文化电影中的身份协商冲突，训练学生在复杂语境中调整交际策略、应对文化冲突、构建文化权力关系，提升学生在全球事务中的竞争力和胜任力（张红玲，孙有中 2024）。

综上所述，外语教师的跨学科素养由核心能力、思维模式、实践应用、技术支持、发展路径等维度构成。从纵向关系看，核心能力为思维模式层提供知识基础，思维模式指导实践应用层的教学设计，技术支持渗透至各层实现效能提升，发展路径驱动整体结构动态优化。从横向关系看，实践应用需调用系统思维和核心能力，并辅以技术支持和发展路径的持续加持，体现了外语教师从知识储备到技术赋能、从思维升级到实践创新的完整素养生态，凸显外语教育的"工具＋人文＋技术"的三维特点和多学科融合特征。

4. 教育数字化背景下外语教师跨学科素养的提升路径

教育数字化转型要求外语教师不断适应新的教学环境，整合多学科知识，运用技术手段提升教学效果。在这一过程中，外语教师的角色将以多元方式呈现，即是学习引导者、技术应用者，也是跨学科创新者和跨文化传播者（胡开宝，高莉 2024），等等。因此，如何实现外语教师跨学科素养的提升是推动外语教育实现转型发展的当务之急和重要前提。笔者认为，外语教师的跨学科素养的提升路径可从以下几个方面加以探讨。

4.1 掌握先进智能教育技术，形成数字化教学思维

教育数字化背景下，外语教师亟需全面提升信息技术素养与数字化教学能力，构建智能化、数据化、跨学科的教学模式。这一变革要求教师不仅要掌握基础数字工具，更要深度整合智能技术与教育理论，构建"技术生态教学观"，形成系统性数字化教学思维。

在技术应用层面，学习并掌握各种智能教育技术，通过融合线下实体课堂、在线同步课堂、异步学习平台，形成教学矩阵，增强课堂互动性和沉浸式学习体验。在实际教学中，能够有效开展通过语音识别技术实现发音实时校正，运用机器翻译工具开展跨文化对比教学，借助虚拟现实构建虚拟语言场景，利用增强现实开发交互式语法训练模块，将传统的外语课堂升级为沉浸式外语环境。

在大数据使用方面，通过采集学习行为数据、作业完成度、测试反馈等多维度信息，结合人工智能收集学习者背景和学习表现的相关数据，基于这些信息构建学习者的画像，并据此提供个性化指导，推荐最适合学习者的学习资源（胡开宝，李娟 2024）；针对词汇记忆困难者推送个性化词库包，为语法薄弱者生成定制化练习路径，向高阶学习者推荐原版学术资源。这种"数字孪生"式教学方式可以促使外语教育从粗放供给转向精准滴灌。

4.2 积累并整合多学科知识，建构跨学科知识体系

教育数字化转型正推动外语学科突破传统边界，构建跨学科知识生态系统。外语教师的跨学科知识体系可以通过纵向贯通语言本体知识与前沿科技、横向链接多学科知识网络等路径加以建构，大力推动语言教学向智能化、场景化、综合化的跨学科教育范式跃迁。

外语教师的跨学科知识体系需要建立在"知识超链接"机制之上，需要付出非凡的努力，需要在原有的知识体系中嵌入国际关系仿真、科技文献解码、跨境商务模拟等语言场景，增添诸如"一带一路数字贸易谈判""欧盟人工智能伦理政策翻译"等跨学科教学方案，补充"数字文本批评"等课程模块，实现本专业知识、跨学科知识与人工智能素养的共生发展。

同时，外语教师需要重点关注跨学科知识的可视化呈现。通过数字叙事、多媒体简报、虚拟仿真报告等新型评估形式，在整合语言能力、专业知识和数字工具上下功夫，着力解决复杂问题，使外语教育成为连接人文素养与科技思维的桥梁。需要强调的是，局限于语法和词汇的外语教学已被淘汰，外语教师需要将社会、文化、科技等多维知识融为一体，进行跨学科思考和多学科知识的综合应用。

4.3 提升数字人文素养，提高跨文化育人能力

教育数字化背景下的外语教育正大步向全球文明对话场域迈进，这种转型不仅需要技术赋能，更需建立"数字人文"教育观。因此，外语教师要具备文化导航能力，将跨文化能力培养融入教学全过程，形成虚实交融的跨文化育人新生态。

首先，需要运用虚拟仿真技术构建动态文化图谱，通过大数据分析语言社群的非言语交际模式，在文化认知层面进行数字文化解码。在教学中嵌入"数字文化透镜"模块，接入全球语言语料库进行多元文化对比。还可以通过模拟商务洽谈时实时获取文化预警提示，提升文化敏感度和跨文化胜任力。

其次，通过构建"云端文化共同体"，提高深度融合数字技术的跨文化教育能力。例如，可以主导建设跨国教研网络，实施文化接力课堂，构建文化互哺机制，促进多元文化的交流互鉴；采用智能分级系统识别学生的文化认知基线，实时测评文化适应度，解析文化冲突案例，确保数字学习空间的多元文化包容性。这样的跨文化教育可以重塑外语教育的价值维度——从语言桥梁走向文明对话，培养学生在跨文

化交际中锚定文化坐标，坚守中国立场。

4.4 创新跨学科教学模式，拓展可持续发展空间

跨学科教学的关键核心在于行动实践，外语教师可以通过设计跨学科课程、参与跨学科研究、探索跨学科教学模式，拓展可持续发展空间，让外语教学更加贴近现实需求，升级为培养跨学科思维和全球胜任力的综合类文化课程。

在数字化转型背景下，外语教师需要以智能技术为支点，以跨学科思维为杠杆，创新跨学科教学模式。这种创新不应停留于简单的知识或课程叠加，而要形成具有自组织特征的教育载体，可以通过整合跨学科知识图谱实现教学要素的智能重组、形成跨学科教学的"实践–诊断–优化"的迭代机制，还可以借助大语言模型编写教材、开发智慧教学平台、创设沉浸式语言学习环境、生成多模态教学素材等（崔希亮 2025）。

构建跨学科教学共同体生态也是促进可持续发展的重要动力。有效的做法包括通过区块链技术搭建教师协作网络、建立跨学科双导师制的智能运作模式、通过云端协同共同设计跨境并购风险预测等课程模块、通过语义网络分析生成跨学科知识融合图谱等等。据此，如果外语教师能够熟练运用智能工具开展跨学科协同，外语教育的数字化转型就获得了可持续发展的动力引擎。

5. 结论

教育数字化转型正在重塑当下的教育新生态，跨学科素养由此成为新时代外语教师的必备能力。本文通过分析教育数字化对外语教师提出的新要求，尝试构建了外语教师跨学科素养的内涵框架并提出了相应的发展路径。面对教育新生态所带来的机遇和挑战，教育政策制定者、学校管理者和广大外语教师应共同努力，从制度、课程、培训和技术等方面入手，通过形成数字化教育思维、建构跨学科知识体系、提高跨文化育人能力、拓展可持续发展空间等手段，推动外语教师跨学科素养的可持续发展，适应数字化时代的外语教育转型发展需求，服务国家的教育强国建设战略。

参考文献

[1] 崔希亮. 2025. AI 时代语言学的学科发展问题 [J]. 现代外语，(01): 139-147.

[2] 崔莹，周凌，张绍杰. 2024. AI 时代外语专业人才培养转型与重塑 [J]. 外语电化教学，(04): 32-36.

[3] 戴岭，祝智庭. 2023. 教育数字化转型的逻辑起点、目标指向和行动路径 [J]. 中国教育学刊，(07): 14-20.

[4] 戴炜栋，胡壮麟，王初明等. 2020. 新文科背景下的语言学跨学科发展 [J]. 外语界，(04): 2-9+27.

[5] 樊丽明. 2022. 中国新文科建设的使命、成就及前瞻 [J]. 中国高等教育，(12): 21-23.

[6] 何莲珍. 2023. 服务高教强国建设，重构大学外语课程体系 [J]. 外语界，(05): 2-7.

[7] 洪化清，乔玉飞. 2024. 外语教育数字化转型的要素、挑战与路径 [J]. 外语界，(03): 28-34.

[8] 胡开宝，高莉. 2024. 大语言模型背景下的外语学科发展：问题与前景 [J]. 外语界，(02): 7-12.

[9] 胡开宝，李娟. 2024. 大语言模型背景下的翻译人才培养：挑战与前景 [J]. 外语电化教学，(06): 3-7.

[10] 李志民. 2024. 人工智能如何赋能教育 [J]. 中国教育信息化，(09): 3-8.

[11] 马永红，张晓会. 2023. 跨学科的内涵、机理及衍变路径 [J]. 清华大学教育研究，(01): 30-37.

[12] 宋时春. 2025. 以跨学科教学促育人方式变革 [N]. 《中国教师报》2025 年 02 月 26 日第 9 版.

[13] 王雪梅，周茂杰. 2024. 高校外语教师数智素养：内涵、框架与发展路径 [J]. 外语界，(05): 32-40.

[14] 杨小丽，雷庆. 2022. 工科本科生跨学科能力评价框架构建 [J]. 清华大学教育研究，(06): 104-109.

[15] 张红玲，孙有中 . 2024. 跨文化交际学助推外语新文科建设的理论逻辑与实践路径 [J]. 外语界，(04): 2-9.

[16] 朱耀云，王俊菊 . 2024. 复杂理论视角下外语教师身份系统研究 [J]. 外语与外语教学，(06): 67-76.

作者单位：1. 山东大学外国语学院，山东济南 250100
    2. 浙江大学外国语学院，浙江杭州 310058

University Foreign Language Teacher Development from the Perspective of Digital Intelligence Empowerment and the Spirit of Educators

数智赋能与教育家精神视阈下的高校外语教师发展①

王雪梅

提要：教育强国建设亟需高素质的高校外语教师。本文在阐明数智赋能与教育家精神内涵的基础上，分析其对高校外语教师发展的影响，并尝试建构数智赋能与教育家精神视阈下的高校外语教师发展路径，旨在为外语教育高质量发展提供一定参考。

关键词：数智赋能；教育家精神；高校外语教师；发展路径

Abstract: Building China into a leading country in education is in urgent need of high-quality university foreign language teachers. Based on clarifying the connotations of digital intelligence empowerment and the spirit of educators, this article analyzes their influence on the development of university foreign language teachers, and further attempts to construct a development path for foreign language teachers from the perspectives of both digital intelligence empowerment and the spirit of educators, so as to provide references for promoting the development of high quality foreign language education.

Key words: Digital Intelligence Empowerment; Spirit of Educators; Foreign Language Teachers; Development Path

一、引言

随着人工智能等信息技术的迅猛发展，教育领域进入智慧教育时代，而数智赋能作为新时代教育发展的重要驱动力，正在深刻改变着教育的形态和模式。党的二十大报告提出了"推进教育数字化，建设全民终身学习的学习型社会、学习型大国"（习近平 2022）。习近平总书记在中共中央政治局第五次集体学习时亦指出"教育数字化是我国开辟教育发展新赛道和塑造教育发展新优势的重要突破口"（新华社 2023），这一重要论断为教育数字化发展指明了方向。《教育强国建设规划纲要（2024 –

---

① 本文为上海外国语大学外语教材研究院 2024 年外语教材研究项目"新质生产力背景下《外语教师教育与专业发展》教材编写研究"（编号 202114027）的阶段性成果。

2035年）》明确指出要促进人工智能助力教育变革，深化人工智能助推教师队伍建设（新华社2025）。由此可见，人工智能赋能外语教师专业发展已成为必然趋势。

"教育大计，教师为本。"在新时代背景下，尤其是在数智时代，教师作为教育高质量发展的主体力量，其角色和职责发生了显著变化，其专业发展也面临新挑战和机遇。而习近平总书记关于教育家精神的重要指示，体现了对中华传统师道文化的继承和创新，也体现在中国教师的教育教学实践之中，为新时代教师队伍建设指明了前进方向（周洪宇2025）。就教育家精神与高校外语教师发展的相关研究而言，主要聚焦于践行教育家精神，推动外语教师个体发展的必要性与实践路径。例如王雪梅（2024）指出，教育家精神的内化与践行，既是实现教师队伍高质量发展的重要前提，也是建设教育强国的坚实保障。徐锦芬（2024）则分析了教育家精神引领下和谐师生关系构建的时代意义及理论基础。但尚缺乏对数智赋能与教育家精神对外语教师发展的影响，以及相应外语教育家发展路径的研究，本文将对以上论题进行探索，以期为新时代外语教师队伍建设以及高质量外语教育发展提供一定借鉴。

二、数智赋能的内涵及对外语教师发展的影响

1. 数智赋能的内涵

数智赋能是"数智"和"赋能"的组合概念。一方面，数智是涵盖了数字、数据、智能、智慧等一体化的综合性表述。而"数智化"（digintelligence）作为新兴的概念与技术形态，即在网络化与数字化的基础上推动数智技术创新发展及人机的深度对话与深度学习，实现数字的智能化应用（孙绍勇，李诗2024）。另一方面，赋能（empowerment）概念源于心理学领域，意为有助于个人或组织改善或获得以往所不具备的能力，从而提升工作效率或均衡分配权力以实现更高目标的过程（王辉等2008）。赋能一般强调能动性，即在赋能的基础上使被赋能者发挥主动性，改变学习或者工作方式。近年来，国内学者对"赋能"一词的使用语意倾向于"enable"，关注以价值创造为导向的赋能方式和手段，同时基于系统层面兼顾赋能过程、赋能结果以及活动主体间的协同（申姝婧，杨建林2023）。在教育领域，数智赋能强调

数字化转型和智能化技术的有机融合，注重通过技术支持和人机协同等方式加快推进教育建设。鉴于高校的主要职能是人才培养、科学研究、社会服务等，数智赋能教师即强调在高校场域，教师发挥能动性，对数字进行智能化应用，并有效整合相关教育要素，创新教学、科研以及社会服务等。

基于前人研究，结合数智赋能对外语教师角色转变和教育理念所提出的新要求，综合考虑外语学科的跨文化、跨语言特征，笔者认为，数智赋能即通过人工智能、大数据等智能技术与语言文化等教育场景深度融合，系统整合多模态教学资源并构建虚实联动的智慧化教研环境，形成以数据驱动决策、智能优化流程、技术拓展能力为特征的教育生态；其核心在于通过动态化的语言文化知识图谱构建、个性化教育支持及多模态协同创新，赋能外语教师实现教学精准化、科研智能化和跨文化育人能力的提升。

2. 对高校外语教师发展的影响

随着大数据、云计算、人工智能等数智技术逐步融入教育，高校外语教师的知识与能力得以重构，并逐步从传统的知识传授者向数智化时代的学习合作者、引导者和支持者的角色转型。一方面，在知识维度上，数智技术驱动外语教师知识的创造性重构。第一，教师学科知识突破语言本体的局限，通过大数据分析、人工智能工具应用等，拓展并优化外语教师学科知识体系；同时结合前沿技术进行外语教育创新与科学研究，推动理论与实践的深度融合。第二，教师数智知识涵盖人工智能算法的基本逻辑与应用，以及智能教育知识等维度；第三，教师跨学科知识整合成为必然趋势，教师可融合语言学、教育学与计算机科学等领域的知识，构建交叉性、动态性知识体系，进而增强自身在智慧教育场景中的适应力与胜任力。

另一方面，在能力发展层面，数智赋能使得高校外语教师的能力体系呈现多维拓展特征。在教学能力方面，教师信息化教学能力的构建与发展已成时代之需（陈坚林 2020）。教师需具备教育技术工具的应用迁移能力，通过熟练运用人工智能工具进行教学设计与实践，以优化教学过程，提高教学效果（祝智庭等 2024）。2023年，教育部正式发布《教师数字素养》教育行业标准，明确了教师数字素养应具备的能力框架。就外语教师而言，数智赋能强调教师精准分析数据能力与基于数据的教学决策能力等，注重理论与实践的有机统一（王雪梅，周茂杰 2024）。在科研能力方面，数智赋能将为外语教师带来以下变化：一是在数智赋能背景下，基于自然语言处理技术的文献计量分析、智能论文润色等功能有助于提高教师学术产出的质量与产出效率；二是数智赋能教师合作，使跨学科合作研究成为常态。通过云教研共同体能够有效促进教师的协作与共享，实现研究范式创新，提升其数字化素养和教育创新能力（张维民 2024）；三是教师的自我反思与决策能力得以强化。外语教师需在人工智能技术应用中保持理性思维与批判意识，坚持反向溯源与信息验证，避免技术使用所引发的"信息茧房""技术僭越"等问题。

三、教育家精神的内涵及对外语教师发展的影响

1. 教育家精神的内涵

2023 年，习近平总书记在致信全国优秀教师代表时深刻阐释了"教育家精神"的内涵，即心有大我、至诚报国的理想信念，言为士则、行为世范的道德情操，启智润心、因材施教的育人智慧，勤学笃行、求是创新的躬耕态度，乐教爱生、甘于奉献的仁爱之心，胸怀天下、以文化人的弘道追求。新时代背景下，"教育家精神"是习近平总书记对教师素养的高度概括和凝练，为新时代高校外语教师发展提供了精神坐标和实践遵循。《教育强国建设规划纲要（2024 – 2035 年）》中亦明确指出要"推动教育家精神融入教师培养培训全过程，贯穿课堂教学、科学研究、社会实践各环节，构建日常浸润、项目赋能、平台支撑的教师发展良好生态"。（新华社 2025）

教育家精神是在深刻总结党在不同历史时期教育规律、经验的基础上形成的，体现了我国教育事业发展过程中政策设计、理论建构、实践探索的有机统一，凝结和展现了各个历史时期我国教育家、教育工作者的精神特质和时代风采，集中汇聚和迸发出为党育人、为国育才的蓬勃之力，为中华民族伟大复兴提供重要精神支撑（冯刚 2024）。教育家不仅是个人的称谓，更是教师群体及其精神风貌的体现，教

育家精神则是这种风貌的集中表达，也是中华优秀传统文化与现代教育理念的有机结合，既承袭家国情怀，又顺应新时代对教育质量与教师角色的更高要求（许玉新 2025）。由此可见，大力弘扬教育家精神是推动教师队伍建设的重要动力和根本内容，体现了新时代教师发展的新内涵，也充分反映出新时代对教师队伍整体素质的要求。

就外语教师而言，需以外语教育家为发展目标，这一精神既要符合新时代教师的共性要求，又要体现外语学科特色。换言之，外语教育家精神即以教育家精神的核心维度为价值基底，深度融合外语学科特点及学科发展使命所形成的精神范式与实践坐标。其具体内涵体现在四个维度，即以跨文化能力为支撑的教育知识，以全球胜任力为导向的教育能力，以家国情怀为根基的教育价值观，以及以价值引领为追求的教育意志。其中，以跨文化能力为支撑的教育知识强调外语教师通过积极构建贯通中外文化的知识体系，为"启智润心、因材施教"的育人智慧夯实学科基础；以全球胜任力为导向的教育能力倡导教师以"勤学笃行、求是创新"的躬耕态度，通过构建多模态教学库、培养学生的跨文化交际与国际传播力等，推动外语教育从单一的工具性向工具性与人文性协同推进的范式转型；以家国情怀为根基的教育价值观要求教师锚定"心有大我、至诚报国"的文化自觉、锤炼"言为士则、行为世范"的道德情操，坚持为党育人、为国育才，立足本土外语教育实践，探索解决本土问题的教育创新之路；以价值引领为追求的教育意志则需要外语教师持久深入践行"胸怀天下、以文化人"的弘道追求，拓展国际视野，促进中外人文交流，彰显外语教育在世界文明互鉴中承担的时代使命。

2. 对外语教师发展的影响

教育家精神通过价值观的形塑机制对外语教师发展产生从价值认同、价值塑造到价值引领的进阶式影响，三者共同构成"认知内化—实践外化—辐射引领"的协同发展闭环。首先，教育家精神为外语教师突破工具主义教学观提供了价值导向。外语教师通过深刻解读并内化教育家精神内涵，激发自身的教育能动性，坚持立德树人的根本任务，坚守教育报国理想，潜心教学、躬身垂范，不断丰富知识、提高教学能力，并在反思与探究中涵养育人智慧，在教育实践中回答好培养什么人、为谁培养人、如何培养人等时代命题。

其次，价值塑造是教师专业成长的内生动力。在对教育家精神的深度理解，及其内涵意蕴的价值认同和情感体验的基础上，外语教师需坚持对国家教育政策的认知和解读，通过分析优秀外语教师（如全国优秀教师、万人名师、国家一流课程负责人）等案例解读其教育理念，强化自身对教育家精神的认同，不仅将其内化于心，还要融入日常教育教学实践中。这一过程要求外语教师不断提升自身的跨文化能力、教学改革能力、科研创新能力，以及社会服务能力等，从而适应新时代对高质量外语人才的需求，传承外语学科守正创新的发展理念。

最后，价值引领彰显对外语教师发展的辐射效应。教育家精神通过外语教师的主体实践，在教学场域与学术共同体两者之间实现价值传导。在教学场域中，通过将教育家精神的精神特质与实践要求有机融入外语教学与复合型创新性人才培养，构建"文化认同—全球意识"的价值认知框架，以此系统培养兼具社会理解力和国际传播能力的外语专业人才（潘震 2024）。而在学术共同体维度，外语教师以教育家精神为纽带，推动形成"技术赋能—价值自觉"协同发展的集体行动逻辑，借助数智技术，搭建跨学科、跨学院、跨院校、跨区域、跨国界的学术共同体，实现教研资源共创共建共享，并通过小组研讨、项目申请、论文或研究报告撰写等形式，坚持线上线下联动，开展有组织科研等，从而激发教师的主观能动性，促进其专业发展。

四、数智赋能与教育家精神背景下的高校外语教师发展路径

就教师职业生涯而言，学界有不同的分类。譬如 Burden（1990）将教师职业生涯周期分为三个阶段：求生存阶段（从事教学的第 1 年）、调整阶段（从事教学的第 2 至 4 年）和成熟阶段（从事教学 5 年及以上）。Fessler & Christensen（1992）基于对教师的追踪调研，将其分为职前期、职初期、能力建构期、热情成长期、职业挫折期、职业稳定与停滞期、职业消退期、离岗期。Steffy & Wolfe（1999）将其分为新手、学徒、专业人员、专家、杰出贡献者、荣休者等 6 个阶段，其中新手包括职前学生,尚在学习阶段。学徒一般为三年内教师,稳步建构相应教学知识,掌握教学策略等。专业人员即已经赢得学生尊重、拥有教育自信的教师。专家为已达成"国家教学与美国未来委员会"(National Commission on Teaching and America's Future)高水平要求的教师。杰出贡献者超过平均水平的教师,而荣休阶段的教师会在退休后仍担任导师等工作。笔者基于以上分类,结合外语教师知识建构与能力提升的实践,将教师发展分为新手—熟手—专家—教育家四个阶段,进而融合数智赋能与外语教育家精神的内涵,尝试探索 AI 赋能与教育家精神视阈下的外语教师发展路径(见图1),以期为外语教师在数智化时代的可持续专业发展提供一定借鉴。

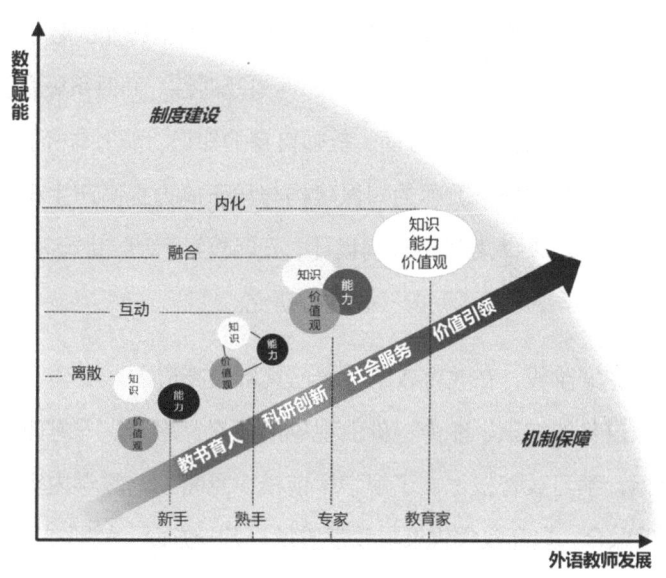

图 1 数智赋能与教育家精神视阈下的高校外语教师发展路径模型

由图 1 可见,该模型以外语教师发展为横轴,以数智赋能为纵轴,横轴显示新手、熟手、专家、教育家四个发展阶段,纵轴强调 AI 对外语教师的不同赋能程度。同时,以相关制度建设与机制保障为核心的支撑层强调了外部制度环境对外语教师的教书育人、科研创新、社会服务和价值引领等维度的推动作用。具体而言,当外语教师处于新手阶段,虽然具备一定的学科知识,但教学实践知识缺乏、教研能力不足,在教学、科研、社会服务等方面均处于适应探索期。此时,外语教师的知识、能力和价值观呈现相对离散的状态,对 AI 工具的使用主要在于辅助性操作,如多模态教学资源制作、对教学平台等数据反馈的获取与分析等，以提升自身的基本教学能力和课堂管理技巧。同时，数智技术对于其科研创新的支撑较为有限，教师尚未形成系统的基于 AI 的科研范式与创新研究能力，且主要聚焦于教学内容与教学方法，在教育培训等社会服务方面的功能尚未得以有效发挥。

外语教师在熟手阶段，一方面，数智赋能对于教师的知识、能力与价值观的作用逐步显现，AI 等工具助力智慧教育空间的营造与形式的多元化，促进生成式人工智能与教学实践的动态调适。教师不仅拓展语言学理论与智慧教育领域的知识，建构整合技术的学科教学知识（Technological and pedagogical content knowledge），而且将相关知识逐步应用到教学实践，了解基于生成式人工智能的教学策略，参与慕课制作、提升教学效果，实现教学评估的动态性与及时性。同时积极参加学科建设、团队协作、社会服务等工作。另一方面，教师自身的知识、能力与价值观形成互动，譬如立德树人等教育观对外语教师的知识建构与教研能力提高产生积极影响，而基于实践的 TPACK 等知识融入教师的课程设计、开展教学活动、进行教学评估等维度，也有助于教师发现教学中的"真问题"并进行研究。

外语教师在专家阶段，在教育教学领域已具备较高造诣，AI 对其产生的积极影响更大，而教师自身的知识、能力、价值观也形成交叉融合。一方面，教师能够根据教育教学目标，学习数智技术、了解学术前沿，且将其与教学内容、教学方法以及教学评估深度融合，提高教学效果与教学质量。另一方面，教师在新文科背景下，积极参与跨学科研究项目，且将所凝练的教学模式、所打造的原创性成果等运用到教育培训等社会服务中，从而推动外语教育领域的跨界融合和协作创新。

外语教师在教育家阶段，AI 技术等对教师产生潜移默化的内化作用，而教师的知识、能力与价值观有机融合为一体。一方面，教师除了胜任教书育人的职责，在教育创新、教育规划、教育管理等方面也发挥主观能动性，形成自身独具特色的教育家精神和教育哲学。另一方面，教师能够顶天立地做学问，既扎根中国本土进行真研究，解决真问题，同时也关注学科学术前沿，为外语研究贡献新知识。外语教育家不仅具备深厚的学科知识、广泛的教育理论知识、卓越的科研能力、扎实的数智素养，以及杰出的跨界合作能力（宋萑等 2024），还应在教育全球化的背景下，讲好中国外语故事，推动教育创新与社会服务的有机融合，以及全球外语教育的发展。

外语教师发展有赖于体系化的制度与机制予以保障，当然，在教师发展的不同阶段，高校所提供的保障有所差别。譬如就新手和熟手教师而言，高校与院系应基于精准的需求研判，通过提供必要的技术支持和"靶向式"培训（肖永贺等 2024），指导教师熟练掌握数智技术，提升其数智素养，并将其有效应用于教育教学创新等。而就专家而言，则需要通过搭建跨学科合作平台、提供研究项目资助、鼓励申报一流课程或者创新大赛等途径，系统推进有组织科研以及有组织教学，鼓励教师开展创新性研究，并将科研成果反哺教学实践、服务社会发展。而就外语教育家而言，他们在教育教学以及科学研究方面往往会突破原有的体制机制，发挥一定的引领作用，因此，为其提供全方位的资源支持、政策保障、科学规划其可持续性发展至关重要。

五、结语

在新时代教育强国背景下，外语教育领域正经历前所未有的变革，数智赋能外语教师发展已成为必然趋势。本文基于数智赋能与教育家精神视角，探究了外语教师发展路径，重点揭示了处于不同阶段的外语教师所体现出的 AI 赋能的差异，以及教师自身知识、能力、价值观的关系。未来可进一步拓展研究领域，采用多元研究方法，借助大规模问卷调查、访谈与案例研究等方式，揭示外语教师的动态发展历程，推动新时代外语教师发展。

参考文献

[1] Burden, P. R. (1990). Teacher development[A]. In W. R. Houston, M. Haberman, & J. Sikula (Eds.), *Handbook of Research on Teacher Education* [C] (pp. 311-327). New York: Macmillan.

[2] Fessler, R. & Christensen, J.C. *The Teacher Career Cycle: Understanding and Guiding the Professional Development of Teachers* [M]. Boston: Allyn and Bacon, 1992.

[3] Steffy, Richard E., and William J. Wolfe. *Life Cycle of the Career Teacher* [M]. Canada: Corwin, 1999.

[4] 陈坚林. 试论人工智能技术在外语教学上的体现与应用 [J]. 北京第二外国语学院学报，2020, (2): 14-25.

[5] 冯刚. 教育家精神的时代特质及培育路径 [J]. 人民论坛，2024, (20): 14-17.

[6] 潘震. 新时代外语学科区域国别研究与外语专业人才培养路径 [J]. 西安外国语大学学报，2024, (2): 43-47.

[7] 申姝婧，杨建林."数智赋能"及其背景下的情报思维培养 [J]. 情报学报，2023, (4): 465-476.

[8] 宋萑，袁培丽，荣晴. 基于教育家精神的新时代教师专业素养内涵与结构 [J]. 中小学管理，2024, (9): 9-14.

[9] 孙绍勇，李诗. 培育和发展新质生产力的数智化逻辑旨要及驱动路向 [J]. 政治经济学评论，2024, (6): 101-114.

[10] 王辉，武朝艳，张燕，等. 领导授权赋能行为的维度确认与测量 [J]. 心理学报，2008, (12): 1297-1305.

[11] 王雪梅，周茂杰. 高校外语教师数智素养：内涵、框架与发展路径 [J]. 外语界，2024, (5): 33-40.

[12] 王雪梅. 以高质量教研促教师专业发展 [N]. 21世纪英文报，2024-09-30 (2).

[13] 肖永贺，邹玉梅，冯文勤，等. 高校外语教师数字素养能力的评价分析与提升路径研究 [J]. 现代教育技术，2024, (10): 83-91.

[14] 新华社. 习近平在中共中央政治局第五次集体学习时强调加快建设教育强国为中华民族伟大复兴提供有力支撑 [EB/OL].(2023-05-29)[2025-02-22]. https://www.gov.cn/yaowen/liebiao/202305/content_6883632.htm

[15] 新华社. 中共中央 国务院印发《教育强国建设规划纲要（2024—2035年）》[EB/OL].(2025-01-19)[2025-02-24].https://www.gov.cn/zhengce/202501/content_6999913.

htm?slb=true

[16] 徐锦芬. 教育家精神引领下以学生为中心和谐师生关系的构建 [J]. 当代外语研究，2024, (4): 5-15+193.

[17] 许玉新. 以教育家精神铸魂强师，全面推进教育强国建设——基于顾明远先生讲话内容整理 [J]. 天津师范大学学报（基础教育版），2025, (1): 1-6.

[18] 张维民. 数智时代外语教师云教研共同体建设：价值意蕴与运行机制 [J]. 外语教学，2024, (5): 72-76.

[19] 周洪宇. 新时代全面建成教育强国的指导思想——学习习近平总书记在全国教育大会上的重要讲话 [J]. 华中师范大学学报（人文社会科学版），2025, (1): 126-137.

[20] 祝智庭，金志杰，戴岭，等. 数智赋能高等教育新质发展：GAI 技术时代的教师新作为 [J]. 电化教育研究，2024, (6): 5-13.

作者单位：上海外国语大学中国外语战略研究中心，上海 200083

Charting the Course of Language Education: My Teaching Odyssey

赛场扬帆，教海探航：我的外语教学之旅

王慧[①]

提要： 本文回顾了笔者参加第九届"外教社杯"全国高校外语教学大赛的经历，探讨了"以赛促思、以赛促建、以建促育"在外语教学实践中的应用。通过备赛、参赛和赛后反思，笔者深化了对教学的理解，并将所学融入课程目标设定、教与学模式探索、教学步骤优化、课程资源建设、教学管理和团队建设等方面的课程建设与教学改革实践。此外，笔者提出了 SERVE 第二课堂培养模式，以社会实践、学科竞赛和研究项目为例，介绍了提升学生的思辨、研究性学习和跨文化交际能力的方法。实践表明，这一系列举措不仅促进了教师的个人成长与职业发展，同时也为外语课程建设提供了借鉴。

关键词： 教学竞赛；课程建设；教与学模式；教师发展

Abstract: This paper reviews the author's participation in the 9th SFLEP National Foreign Language Teaching Contest, exploring the application of the principles of "promoting reflection, development, and education through competition" in foreign language education. Through preparation, participation, and post-competition reflection, the author deepened her pedagogical understanding and integrated these insights into course design, teaching and learning models, instructional optimization, curriculum resource development, teaching management, and team building. Additionally, the author proposes the SERVE extracurricular cultivation model, exemplified by social practice, academic competitions, and research projects, to enhance students' critical thinking, research-based learning, and intercultural communication skills. These efforts not only contributed to the author's professional growth but also offered references for foreign language curriculum design.

Key words: Teaching Competition, Curriculum Development, Teaching and Learning Models, Teacher Development

---

[①] 作者为第九届"外教社杯"全国高校外语教学大赛（英语专业组）特等奖获得者。

2018年，我参加了第九届"外教社杯"全国高校外语教学大赛，并有幸获得英语专业组唯一的特等奖。这一荣誉不仅是对我既往教学实践与积累的肯定，更成为我探索教学改革与创新的新起点。从精心备赛、倾力参赛，到赛后反思与总结，再到悉心辅导其他教师参赛的过程中，我不断深化对教学的理解，将所学所得积极融入课程建设和教学改革，取得了一些成果，促进了个人职业成长。本文回顾并总结这些实践经验，以期为外语教育领域的同仁提供参考，共同推动外语教育事业的持续发展。

一、以赛促思

根据第九届教学大赛英语专业综合组的赛制，参赛教师需要在限定时间内精准呈现教学设计的核心思路。这不仅考验教师对授课内容的理解，还要求明确课程总目标及授课单元目标，并合理运用教学理论与方法。此外，教师还需采取适切的教学步骤，确保课堂结构清晰、层次分明，展现教学的科学性与有效性。基于这一要求，我在备赛过程中不断梳理和反思自身"高级英语"课程教学实践，对课程目标、教学理念、教学步骤等进行优化，从而提升现场教学效果。

1. 课程目标设定

全国赛决赛规则规定，授课篇目由组委会指定，选手在赛前一个月通过网上系统随机抽取。比赛开始后，教师需用约3到5分钟时间综述对所选文本的整体教学设计，随后聚焦于某一具体板块进行模拟授课，并自行准备PPT课件辅助教学（组委会 2018: 1）。我抽到的篇目是罗素的《知识与智慧（节选）》。为了透彻理解文本，我找来全书仔细研读原文（Russell 1956: 160–164），力求将篇目置于完整的语境中加以把握，同时预判学生可能遇到的难点，并据此制定教学方案。

首先是课程总目标。在综述部分，我针对以往教学中普遍存在的重语言微技能、轻思辨与探究、重知识积累、轻跨文化能力的现象，提出了"厚基础、通人文、重思辨、强探究、跨文化、优素质"的教改思路和课程总目标。这一目标不仅注重夯实学生听、说、读、写、译等基础技能，更着力培养其篇章理解、文体赏析、演讲辩论、跨文化交流、思辨和研究性学习等高层次语言交际和应用能力，充分体现课程的"综合"和"高阶"特色，从而能够助力培养符合本校理工特色的复合型和研究型人才。

其次是单元教学目标。针对选文，基于我校英语系学生的学情，我设定了四个层次的目标，并模拟课堂教学展开陈述（参见表1）。第一层是语言基础目标，即词汇与语法。鉴于学生普遍具备较强的自主学习能力，我通常提前布置预习任务，要求学生课前自主研读课文，建立个性化的表达库，录制课文诵读音频并上传至课程平台，同时记录并分享阅读过程中的疑问与感悟，以此主动积累和掌握语言基础知识。第二层是篇章理解目标，通过组织学生分组讨论、合作交流文本结构，通过分析关键词、判断文章类型、梳理论点论据等任务，引导学生讨论并深入理解文本逻辑和核心思想。第三层是批判性阅读和思辨能力目标。我着重引导学生学会区分事实与观点，评估论证的客观性和完整性，分析论据是否有效支持观点，并表达对作者观点的支持或反对意见。例如，在讨论环节，我以当时引发广泛关注的杜嘉班纳（Dolce & Gabbana）广告宣传片为例，启发学生思考不尊重他国文化可能带来的危害与后果。通过这些讨论与交流，我鼓励学生对文本内容进行反思与质疑，不断提升逻辑思维、批判性思维以及文化差异意识。该单元的第四层目标是学习产出，也是该单元的最高目标。包括课内即时完成任务和课后延伸作业两部分。课堂上，鼓励学生以小组合作的形式共同绘制课文组织结构图，以便直观掌握文本框架。课后，要求学生改写或增写课文段落，深化对课文的理解并实现创意表达。此外，学生还需分工合作开展指定的小课题研究，并精心准备后续课堂的讨论话题。例如，课后作业之一要求学生围绕"爱国主义与民族主义/民族中心主义"展开头脑风暴，并结合具体实例进行分析，以提升跨文化交际意识与能力。

通过以上循序渐进的教学设计，引导学生扎实掌握词汇和语法知识，深入理解篇章结构与逻辑关系，逐步提升思辨与研究能力，最终实现知识的有效产出与创造性运用。

Lesson Plan Objectives	
1. Vocab & Grammar	
2. Text Comprehension	• Identify the text type • Determine the thesis, topic sentences and supporting details • Interpret text messages
3. Critical Reading & Critical Thinking	• Determine the purpose, intended audience, tone & intended meaning • Evaluate whether the statements are facts or opinions • Evaluate whether the argument is objective and complete • Evaluate whether the support is relevant • Agree/disagree with, or modify the author's argument
4. Reproduction	• Complete research and writing tasks

表1 《知识与智慧（节选）》单元教学目标

2. 教学理念探索

在教学和备赛过程中，我系统学习了外语教学与二语习得的基础理论，努力筑牢理论根基。此外，我还仔细研读了《总决赛获奖教师教学风采》（组委会2016），大赛获奖选手的精彩呈现和专家评委的精当点评让我深受启发。我认识到，教学理论流派众多，各有其独特优势与局限。各位获奖选手的实践路径也各不相同，并不存在一种能够普遍适用于所有课型学生的理论或方法。正所谓"教学有法，教无定法，贵在得法"，我们必须不断学习并掌握前沿教学理论和方法，博采各家所长，结合教学实际探索恰切路径，才能实现有效教学。

"高级英语"教学团队探索提出SPICM教学模式（颜静兰等2008:16–17），并在教学实践中不断检验、改进和完善。该模式强调以学生为中心（Student-Centered）、项目为导向（Project-Oriented）、综合技能为核心（Integrated-Skills-Focused）、跨文化能力为基础（Crosscultural-Competence-Based）、多模态教学为支撑（Multimodal-Teaching-Supported）。在实际教学中，这一模式推动了课程教学方法的变革，使教学目标从"知识灌输"转向"素质培养"，构建了研究型教学模式；授课方式由"线性知识传授"升级为"模块化能力训练"；教学形态从"单一课堂讲授"拓展为"多元互动交流"，最终形成线上线下融合的立体化学习场域。

同时，我还将ACCE研究性学习模式融入"高级英语"课程教学（颜静兰等2008: 16），即倡导主动式学习态度（Active）、合作式学习方式（Cooperative）、创造式学习行为（Creative）和探究式学习范围（Exploratory）。这一模式能够有效激发学生的创新精神和探索欲望，使他们在分析、归纳、解决问题、发现新知的过程中提升综合学习和研究能力。同时，学生在陈述研究成果并进行交流的过程中，不仅锻炼了口语表达能力，也能获得成功的喜悦和自我激励的成长体验。

3. 教学步骤优化

我们在重视语言技能训练的同时，将教学重心转移到素养层面的价值观与社会责任感、认知层面的语言文学与跨文化知识、行为层面的创新意识与实践能力以及思维层面的批判性思维能力的培养。课堂教学超越字、词、句的理解，着力促成"阅读—思考—讨论—归纳—输出"的递进跃升。自2017年以来，本课程学生的英语专业四级考试优良率稳步保持在80%的较高水平。

在决赛授课环节，基于上述理念，我围绕罗素的《知识与智慧》设计规划了以下教学步骤。

课前，组织学生完成自主学习任务，包括诵读选文、建立个人词句表达库、阅读补充材料、参与在线讨论及完成线上检测等。通过分析学生的预习情况，我发现他们在理解论点和论证逻辑方面存在普遍困难，尤其是对罗素关于智慧的定义与构成要素，以及"知识不等于智慧，智慧在于合理运用知识"这一核心观点的把握较弱。因此，我调整课堂教学方案，决定在课堂上强化对议论文结构、过渡句及论据运用的分析，并引导学生结合当时的热点案例——"基因编辑婴儿"事件，探讨罗素的观点，从而更透彻地理解知识与智慧的关系。这一教学过程有助于培养学生的科学道德观念与科技伦理意识。

课堂上，我以T.S.艾略特的名言导入"知识与智慧"话题，引导学生思考两者关系。接着，以选文前三段为例，分析议论文的结构、过渡句及论据运用。学生通过识别关键信号词，迅速判断文本类型，并明确罗素的首要论点："懂得权衡利弊是智慧最重要的因素"。随后，学生根据提示寻找支撑论据，发现罗素主要通过两个实例进行论证，并归纳得出："没有智慧，知识可能是有害的。"为帮助学生更直观地理解这一观点，我引入"基因编辑婴儿"事件，启发学生思考其伦理争议。这一案例印证了罗素的警示，表明唯有具备智慧的科学家才能坚守伦理，避免知识滥用带来的危害。随后，我引导学生批判性思考罗素观点的全面性问题，如降低婴儿死亡率是否仅有负面影响，核技术是否全然无益。学生围绕"医学进步的福祉"与"核技术的正面作用"分组讨论，批判性反思罗素的观点，从而更全面地审视知识与智慧的关系。通过以上小组讨论、代表陈述和批判性阅读等活动，学生在加深文本理解的同时，也提升了思维和表达能力。

课后，学生以小组为单位分工协作，查阅资料、撰写讲稿、制作 PPT，并准备课堂展示。例如，部分小组围绕"缺乏智慧引导的知识可能带来的危险"展开调研，寻找实际案例并加以分析，如基因编辑争议和人工智能伦理问题。另一些小组则探讨智慧如何正面引导知识应用，通过现实案例展现智慧的力量。此外，学生还围绕"爱国主义与民族主义/民族中心主义"展开头脑风暴，并撰写议论文，如"民族情感与全球视野的融合：知识如何构建文化桥梁"或自选相关题目。这些活动不仅锻炼学生的批判性思维与表达能力，还进一步提升了他们的跨文化交流意识。

在总决赛赛场上，我将上述教学实践总结为"5P"教学步骤，即课前预习（Preview）、讨论互动（Participate）、练习巩固（Practice）、课堂展示（Present）以及创造性作业（Produce）。这五个环节紧密相连，层层递进，旨在有效提升学生的自主学习能力、跨文化沟通意识、团队合作能力、批判性思维及研究能力。

二、以赛促建

比赛结束后，全国各地的同行通过各种途径与我取得联系，访谈或询问的内容涵盖了参赛动机、备赛流程、面临的挑战、单位的激励机制，以及参赛获奖对职称晋升的影响等（徐锦芬，刘文波 2020:27）。在与同行深入交流与讨论的过程中，我重点回顾了自己在课程资源建设、课程管理措施以及团队建设举措等方面的探索与实践。我认为，正是这些方面的长期探索、积累和改革，使我在比赛中能够游刃有余、自如发挥，并最终取得佳绩。

1. 课程资源建设

首先是精心录制慕课。我组织课程团队将背景知识介绍、文体特征剖析、篇章结构解析、主旨要义探讨、修辞手法应用以及文学手段赏析等核心知识点，细分为既相互独立又紧密相连的微小节，每节讲授时长严格控制在 10 分钟以内，以便学生能够保持高度的专注力。为确保授课语言地道精确，我们在原有教案的基础上，精心撰写了详细的讲稿，其中课文《海上无路标》及其配套习题就超过了万字。得益于这些努力，我们在 2020 年成功完成了"高级英语"慕课的录制，构建了"双线并行"的融合式教学模式。自 2020 年 9 月起，课程已在多个在线教育平台上同步上线运行。截至 2024 年底，课程在智慧树平台已连续运行 9 个学期，吸引了来自 29 所学校学生选课，公共学习者更是覆盖 488 所学校，累计超过 2 万名学生参与了课程学习，课程的受众面和影响力不断提高。

其次是打造数字化教学资源库，建成涵盖教学课件、课程试题、学科竞赛资料、视听素材、演讲话题、时文与科技阅读资料、作文范例库等多个维度、内容丰富的资源库。同时，我们还陆续出版或修订《高级英语教学课件》《跨文化视角英语阅读教程 1》《语言文化探索》《英美文学精华导读》以及《高级英语综合技能训练》等一系列教材、课件和教学辅助资料，为学生学习提供了丰富多样的材料支持。

2. 课程管理措施

为了提升课程管理的效能与质量，我结合个人教学、参赛、建课以及管理实践，提出并实施课程教学管理的"五化"体系，覆盖了课程规划、执行、评估及优化的各个环节。

首先，教学管理制度化。把集体备课、授课内容、教学形式、命题与判卷等关键环节纳入制度化管理范畴，从而确保了教学管理的规范与一致性，为教学质量的稳步提升奠定了坚实基础。

其次，课程教学规范化。团队撰写了详尽的课程教学大纲、教学方案和教学日历，确保教学活动的有序开展。教案与课件的制作遵循统一标准，保证了教学内容的准确性和权威性。其中，每单元的教学方案均包括各节段教学目标、教学设计思路、主要教学内容及德育要点、重点和难点分析、教学策略与方法以及教学内容的具体安排等，为团队教师申报各类教改项目和撰写教学论文提供了支撑。

第三，教学管理数智化。我们充分利用智能化教学管理平台，即时监测每一位学生对知识点的掌握情况，实现精准教学。在"教、考、管"等教学流程中，灵活运用课堂质量分析、智能阅卷及作业批改等数智技术，有效减轻了教师的工作负担，节约了教学成本，显著提升了教学效率与质量。

再者，教学研讨常态化。我们定期开展"晒课"活动，鼓励教师之间互相展示教学成果，通过诊断、研讨与示范，形成良好的"传帮带"氛围，促进了团队整体素质的提升。

最后，学习提升自觉化。教师主动将教研成果融入教学实践，成为爱学习、勤读书、重协同、乐共享的"学习型教师"，不断为课程注入新鲜血液，保持教学内容的时效性与前沿性。

3. 团队建设举措

在教学竞赛与日常教学的实践中，我深切感受到前辈教师与同行协作的力量，因此，我高度重视课程团队师资的培育与发展，着力营造比学赶超的良好氛围，弘扬"传帮带"的优良传统。

首先，构建线上线下融合的教研共同体。我们通过建立"双线"会议模式，打破传统单一的线下研讨局限，实现教学研讨在时间与空间上的灵活高效。我们以课程组为核心，聚焦教学难题，定期开展专题研讨，并以群组为单位深化集体备课，交流教学瓶颈问题，共同探索解决方案。当团队教师参加教学竞赛时，我们一起开展头脑风暴，精心打磨课件，参与教学演练，助力教师展现最佳状态。这一模式促进了团队成员的紧密交流与合作，有效提升了师德修养、专业素养和教学能力。

教研共同体的建设培育了多位教学骨干，他们在各类教学竞赛中屡获佳绩，成为教学领域的佼佼者。在第十二届和第十五届"外教社杯"全国高校外语教学大赛全国总决赛中，团队两位教师分获英语专业组单元教学设计一等奖和二等奖，四位教师分别荣获全国一、二、三等奖，展现了他们卓越的教学能力和风采。这些成果不仅为教师的个人成长与职业发展奠定了坚实基础，也推动了学院整体教学水平的提升。

其次，打造校内校外共享的成长助推器。我们与首都师范大学、青岛农业大学、临沂大学、上海大学、上海理工大学等高校的同课型教师开展跨校交流，围绕课程思政、教学理论与策略、课堂教学、教学改革与课程建设等议题展开深入探讨。同时，近 20 位校外教师也积极与我建立联系，主动与我交流课件、教案，共同探讨教学理念、组织思路和方法。通过同行交流与合作，这些教师不仅在应聘试讲中表现出色，更在各类教学竞赛中取得了优异成绩。这一互动过程不仅促进了教学经验的共享与提升，也进一步彰显了"传帮带"机制在推动教师成长。

外教社、学校官方微信号、校报等媒体对我们"以赛促教""以赛促改""以赛促建"的经验进行了广泛报道，这不仅激励了同行反思教学、提升专业素养，也助力团队教师的个人职业发展与岗位贡献的双重提升。

三、以建促育

在大赛综述环节，我仅简要提及 SERVE 第二课堂培养模式，即：社会实践（Social Practice）、学科竞赛（English Competition）、研究项目（Research Project）、志愿服务（Volunteer Work）和英语社团（English Club）。我们鼓励课程学生根据个人兴趣与专长，积极参与其中的一至两项，帮助学生在学科活动中提升思辨和跨文化意识与能力，推进研究性学习和增长知识才干，在语言实践中研究解决问题，在服务社会中检验学习效果，实现了第二课堂对第一课堂的有效支撑。限于篇幅，本文重点介绍社会实践、学科竞赛和研究性项目三方面的育人举措。

1. 社会实践育人

在学院学生工作办公室的支持下，团队与中小学及企业广泛合作，建立了多个语言实践与实训基地，并参与带队指导。例如，团队与邵万生等中华老字号企业共建语言服务实训基地，助力中华传统品牌的海外传播。团队成员带领学生深入企业调研，挖掘品牌文化亮点，分析海外同类品牌企业及产品形象的跨文化宣传策略，并结合目标客户的审美与阅读习惯，撰写中英双语宣传文案，成果获得企业高度认可（赵宏，徐路生 2024:133）。我们借此推动校企合作，创办"邵万生杯"华东理工大学外语演讲大赛，参赛者以英语、日语、德语围绕"中华老字号的传承与复兴"展开演讲，为中华文化国际传播贡献力量。

团队还参与建成了上海市一流本科课程（虚拟仿真实验教学课程）"国际话语权建构中紧急情况应对"。本实验课程通过虚拟仿真场景，以低成本、高效益的方式弥补了本科生鲜有机会参与大型国际会议或接触外国媒体这一实践空白，训练学生的跨文化传播能力，提升学生有效应对国际舆论挑战的能力。

2. 学科竞赛育人

团队教师将自身参赛经验与竞赛支持机制融入学科竞赛指导，推动"以赛促教"向"以赛促学"延伸，精心辅导学生参加学科竞赛。

首先是建立机制。我们依托学院演讲辩论中心组建一支层次清晰的竞赛指导教师队伍，团队成员任学院演讲辩论中心主任，统筹竞赛指导工作，按照教师学科方向和专业特长结合赛事要求，安排指导教师，开展系统性、针对性专项培训，不断提升学科竞赛指导的专业化水平。我们向学校申请创新学分，努力将竞赛纳入校级"课训赛创"一体化课程体系，将竞赛成果与课程和学业评价挂钩，有力提高了学生的参赛积极性。

其次是系统培养。依托学生演讲辩论社团瞄准高端赛事举办校级选拔赛，发现并培养好苗子。指导学生结合个人专业特长，合理选择参赛项目。我们着力建强团队育梯队，进入学科竞赛团队的学生之间互帮互助，出点子、做陪练；高年级与低年级学生之间建立"老带新"机制，帮助新成员迅速融入团队，提升信心，增强能力。

再次是教赛融合。我们将竞赛资源与课程教学有机融合，将相关知识点和技能点融入日常教学。在课堂教学中，我们要求学生轮流进行 3 到 5 分钟的演讲展示，话题不限于课本内容，涵盖口音歧视、文化争议、教育政策、社会现象、环保挑战等，涉及社会公平、文化传承、科技发展及个人权利等多元议题。演讲过程中，学生需开计时器并完全脱稿，以锻炼临场表达能力和逻辑思维。

竞赛育人结出硕果，不少学生凭借清晰的思路、流畅的表达、敏捷的反应、广博的知识和出色的台风，在全国性及省部级各类竞赛中屡获佳绩，每年斩获国家级奖项约20项，省部级奖项40余项。

3. 研究项目育人

我们贯彻"以研促学"理念，结合学科方向与研究热点，设计富有启发性的课程研究小课题，培养学生的研究兴趣和思维能力，引导他们将课堂所学应用于实际科研。例如，一组学生围绕思辨能力与跨文化交际能力培养策略展开探索，结合"高级英语"课堂活动，撰写了"译小见大"和"语段临摹"课堂活动设计方案与记录，相关成果被收录于相关教学案例图书（张文忠，李玉平2024：121-124；165-167）。

为强化学术训练，我们严格把控从选题、文献检索、数据分析到论文框架构建、撰写与修改等各个关键环节，确保学生掌握科学的研究方法并扎实开展学术研究。团队教师定期组织研讨会，系统讲解科研数据库的使用，介绍文献检索与数据分析工具，搭建学术交流平台，鼓励学生分享研究成果、开展学术讨论。通过这些努力，学生的科研素养和学术表达能力得到了显著提升。

在我们的指导下，学生运用课堂知识成功申报并获批多项国家级和市级大学生创新创业项目，围绕外媒中的中国国家形象、儿童绘本翻译策略、方言对英语语音习得的影响、澳大利亚多语政策与多语教育实践等主题展开研究，已发表相关论文10余篇。

这些课堂研究小课题和大创项目也为本科生毕业论文选题奠定了坚实基础。不少学生的毕业论文基于大创项目或导师科研课题展开，并将研究成果进一步拓展为毕业论文。这种实践培养了学生的创新能力和科研素养，使他们在毕业论文撰写中具备更强的研究能力和实践经验。学生毕业论文质量整体提升。近年来，已有近10

位同学获评校级优秀毕业论文。

  "外教社杯"全国高校英语教学大赛为我们提供了竞技的平台、展示的舞台，已然成为推动教学改革的高端平台，我和高级英语团队有幸参与其中，汇聚智慧，辑志协力，在专家和同仁们的帮助下，取得一些成绩，实现了个人与团队的共同成长——已有两位老师成功晋升高级职称。"高级英语"也成功获评首批国家级线下一流课程，荣获上海市课程思政示范课程和示范团队称号，以及上海市教学成果二等奖。学无止境，教无止境，我们将继续以赛促教，守正创新，努力为培养具有国际视野和创新能力的外语人才贡献更多力量。

参考文献

[1] Russell, Bertrand. *Portraits from Memory and Other Essays* [M]. New York: Simon and Schuster, 1956.

[2] 徐锦芬，刘文波．"外教社杯"全国高校外语教学大赛对教师专业发展影响实证研究 [J]. 外语界，2020, (01): 25-33.

[3] 颜静兰，杨慧敏，贾爱兵，王慧．高级英语精品课建设模式与方向探究 [J]. 化工高等教育，2008, (04): 15-17.

[4] 张文忠，李玉平．外语教学妙招 [M]. 北京：外语教学与研究出版社，2024.

[5] 赵宏，徐路生．国际语言服务的知识翻译学阐释：以老字号出海为例 [J]，当代外语研究，2024, (4): 130-144.

[6] 组委会．第九届"外教社杯"全国高校外语教学大赛（英语类专业组）全国决赛规则 [Z]. 上海：上海外语教育出版社，2018.

[7] 组委会．第六届"外教社杯"全国高校外语教学大赛（英语类专业组）总决赛获奖教师教学风采 [M]. 上海：上海外语教育出版社，2016.

作者单位：华东理工大学外国语学院，上海 200237

Integration and a Sense of Belonging: Communities of Practice and Teacher Development through Teaching Competition

融入与认同
——教学大赛中的实践共同体与教师专业发展[①]

范栩颖[②]

提要: 本文以实践共同体理论为框架,以作者参赛的心路历程为案例,研究教学大赛中"传帮带"模式的实施过程及其效果,分析其作为实践共同体的一种特殊形式,在推动青年教师突破职业瓶颈、实现专业成长中的作用。通过案例分析和实践反思,本文发现,实践共同体在教师职业发展中起到激励、指导、支持、促进的积极作用。本研究可为高校外语教师通过参赛活动建构"传帮带"式实践共同体,进而提升专业能力、改善教学实践提供启发。

关键词: 教学比赛;实践共同体;教师专业发展;以赛促学,以赛促教

Abstract: This article examines how English teaching competitions in China serve as situated spaces for teacher learning and professional development, based on communities of practice theory (CoP). By reflecting on the author's experiences participating in a national foreign language teaching competition, this paper highlights how mentorship practices grounded in the "chuan-bang-dai" tradition enabled integration and identity formation for an early-career lecturer. Through collaborative lesson design, expert feedback, and emotional support, the community has evolved into a multifaceted professional learning network. This reflection indicates that when situated in a practice-based and peer-supported environment, teaching competitions can help teaching practitioners overcome pedagogical and professional bottlenecks and transform their professional identity. This paper contributes to understanding how teacher development in the Chinese higher education context can be cultivated through participation in collaborative teaching events, providing insights into the dynamics of localised CoP practices that support sustained professional growth.

Key words: Teaching Competition, Community of Practice, Teacher Professional Development, Competition-driven Professional Development

---

[①] 诚挚感谢董金伟教授在论文修改过程中给予的悉心指导和精准点拨,帮助研究理清思路、明确方向。
[②] 作者为第十三届"外教社杯"全国高校外语教学大赛(大学英语组)特等奖获得者。

1. 引言：外语教学大赛与教师专业发展

外语课程作为高等教育的重要组成部分，不仅承担培养学生语言能力的任务，还服务于国家战略需求，承担深化思想政治教育与促进跨文化交流的使命。《大学英语教学指南》（2020）（以下简称《指南》）明确提出，大学英语课程应实现工具性与人文性的有机统一，并通过课程思政实现价值引领与能力培养的双重目标。在党的二十届三中全会进一步强调深化教育综合改革的重要背景下，大学英语课程改革迫切需要教师更新教学理念，优化教学实践，以培养具有家国情怀和全球视野的高素质人才（周天华，2024）。

有着"外语界奥运会"之称的"外教社杯"全国高校外语教学大赛，高度契合《指南》的要求，为教师提供了展示创新教学理念的平台。比赛不仅促进了教学方案的优化，也推动了教师反思与实践改进，从而提升教学能力与理念。特别是对青年教师，教学大赛为其突破瓶颈提供了契机，助力其职业发展。（李雨潜，2023；张国平等，2024）。

教学大赛的影响力不仅体现在个体教师成长上，还彰显了实践共同体（Community of Practice, CoP）的特性（Lave & Wenger, 2007）。通过团队合作与集体反思，增强教师归属感与职业成长动力，同时推动教学与研究的深度融合，促进了教师职业能力的整体提升（何莲珍，2020）。

基于此，本文运用实践共同体理论，以笔者2023年"外教社杯"的参赛经历为研究案例，探讨教学大赛如何通过领域聚焦、社区协作与实践共享等方式，推动教师专业成长与教学创新。为尊重学术伦理，文中涉及的所有名字均为化名。

2. 理论基础：实践共同体理论在教师专业发展中的应用

实践共同体（CoP）理论为分析教师专业成长和社群互动提供了有效工具（Lave & Wenger, 2007）。CoP由共同兴趣和实践连接的专业群体组成，其核心特征包括领域（domain）、社区（community）和实践（practice）三个方面。领域明确目标并赋予活动意义；社区通过互动与合作增强归属感；实践则通过资源与经验的共享推动专业发展和问题解决（Bayar, 2014；Trust & Horrocks, 2017）。参加教学比赛的过程完全体现了 CoP 的三个特征：在领域聚焦中明确教学创新目标，在社区协作中促进知识共享与心理支持，在实践积累中推动教学文化的持续发展。这一过程揭示了社会互动与集体学习对教师成长的驱动力，正是实践共同体的具体体现。

众所周知，教师学习是一个社会化、互动且动态变化的过程。新教师通过"合法边缘参与"（Legitimate Peripheral Participation）逐步融入社区，从新手成长为核心成员（Lave & Wenger, 2007），这一过程不仅提升了教师专业能力，也推动了教育质量的提升。

根据 CoP 理论，基于笔者参赛过程的回顾与反思，本文提出适配大学英语课程改革与教学大赛的创新框架：领域聚焦教学目标，如，课程思政与工具性和人文性的统一；社区涵盖校内外多层次互动，包括领导、同事和学生；实践强调教学设计的共享与动态调整。通过这一框架，教学大赛通过多层次互动，推动教师成长与教学创新，并为大学英语课程改革提供了新思路。

3. 个人成长与社区共建：教学大赛中的实践共同体力量

作为入职不到 5 年的青年教师，笔者虽然积累了一定的教学与科研经验，但在工作中逐渐感受到高校青年教师面临的多重挑战：繁重的教学任务、巨大的科研压力以及在教学与研究间寻找平衡的困惑。一度力不从心的同时，这些瓶颈也促使我反思职业发展的路径，并尝试在新环境中寻找突破。2023 年，在学院的支持下，我有幸参与"外教社杯"全国高校外语教学大赛。这次比赛成为我突破瓶颈的重要契机，不仅提升了教学设计和实践能力，也让我重新找回了对教学的热情与信心。备赛与参赛过程中的关键时刻与社区互动，不仅深化了我的职业发展与反思，还让我在教学理念上获得了新的体会，希望通过这些经历与同行分享和探讨。

3.1 领域：教学创新与课程目标的契合

笔者参加的是综合组比赛。面对预赛阅读语篇 "Adventure and Exploration"（冒险与探索）这一主题，笔者在教学设计中遇到了三大挑战：一是如何将语篇内容与学生的生活关联起来，以激发学习兴趣。语篇描述牛津大学生的北极探险经历，充满生僻词汇和叙事性结构，与学生日常生活相距甚远，教学切入点模糊。二是叙事文本复杂的语言点增加了设计的难度。笔者的学术背景集中于教育学领域，语言学和文学知识相对薄弱，对语篇中的语言知识选择和教授不太敏感。三是融入思政目标的困惑。笔者因缺乏经验，最初将"课程思政"误解为政治宣讲，这种误解进一步加剧了教学设计的压力。

在困境中，实践共同体的支持发挥了关键作用。在与同事余老师的一次闲聊中，笔者直言"北极探险这样的内容离学生的生活太远，学生可能难以共鸣，毕竟'躺平'是主流态度了"。余老师耐心地倾听后问我："冒险是像坐'云霄飞车'这样的体验，还是一种更深层次的精神追求？我觉得这是需要区分的。" 这番点拨让我重新审视文本的价值：语篇传递的核心并非探险本身，而是面对恐惧、克服困难、拥抱成长的"冒险精神"。这一精神契合课程思政"润物细无声"的理念，也能引导学生直面挑战并从中成长。这一领悟让我认真调整设计思路，通过课程活动引导学生感知"冒险精神"，并结合自身经历进行反思和表达。将文本语篇与学生的现实需求和价值观恰当连接，是课程设计成功的关键。

我本次参赛的指导教师、学院副院长黎老师进一步深化了我对课程思政的理解。在交流中，笔者坦言对"思政"感到陌生，总觉得它离日常教学很远。黎老师笑着说："思政其实很简单啊，就是教学生做好人好事，树立正确的价值观。" 这一解释拉近了"思政"与教学实践的距离，将"思政"从抽象的理论拉回到了具体的教学实践。在此后的进一步交流中，黎老师通过开放式提问启发我的思考："你觉得这篇文章想传达的核心是什么？学生能从中学到什么道理？"我回答道："文章展示了极端条件下的坚持与克服困难的精神，而这种精神主要通过对环境和动作的细节描写得以体现。但我不确定这些细节应该如何教授。"黎老师微笑着建议："这些可以归为一种写作手法，叫 characterization（人物塑造）。你可以深入研究这一概念，并思考如何通过教学帮助学生理解这些手法背后传递的价值观。"通过这次交流，我开始意识到教学设计的核心不仅在于教授语言点，更在于通过语言教学向学生自然渗透人生观、价值观。特别是通过对语篇中人物塑造手法的教授，让学生不仅能掌握语言表达的技巧，还能感受到文章背后的价值观，比如责任感、坚韧和勇敢。这种教学方法将语言学习与价值观教育巧妙结合，使教学更具深度和意义。

在备赛期间，共同体成员的支持与信任为我提供了关键帮助。通过共享的领域（shared domain），团队成员在教学创新与价值观教育这一共同目标上聚焦，不仅为我提供了专业指导，还通过互动与交流增强了我的信心。这种支持与信任让我逐步完善教学设计，将语篇教学从孤立的个人任务转变为共同体合作的成果，为后续教学创新与职业发展奠定了坚实基础。这一过程中，实践共同体的力量不仅体现在知识共享，还体现在成员间的相互信任与协作，彰显了共同成长的价值。

3.2 社区：互动与支持中的双向成长

同事的支持是实践共同体的重要组成部分，尤其是在非正式交流中的情感关怀。备赛期间，作为新老师，我向资深同事余老师倾诉："职业不顺利，还抽到这么难的单元。"余老师耐心安慰："正因为难，才是展示你独特见解的好机会。"她的这番话不仅缓解了我的紧张情绪，也让我感受到团队支持的力量，不再孤军奋战。随后，她进一步启发我重新思考冒险的定义和价值，帮助我将教学思路从语篇内容的表层转向深层次的精神内核。这一过程让我体会到实践共同体中"合法边缘参与"（Lave & Wenger, 2007）的力量：作为初来乍到的新成员，我的困惑没有被忽视，而是得到了接纳和耐心的引导。这种倾听与建议帮助我逐渐融入团队，找到了归属感与信心，从而从边缘走向核心，形成新的认同感。余老师的支持不仅修复了我的情感状态，还在潜移默化中激发了我的专业成长（李西顺，2022；张莲 & 左丹云，2023）。这种积极的情感联结，为我提供了心理上的安全感，使我能以更加开放和积极的心态面对备赛挑战，并为教学创新奠定了坚实的情感基础。

团队集训是备赛中的重要环节，也是实践共同体协作的集中体现。在模拟比赛中，学院组织资深教师参与点评，为我的教学设计提供具体反馈。例如，王老师指出："教学设计要有学生语言产出，比如'小鸟第一次飞翔'这样的例子，更能让学生理解'冒险'，激发表达欲望。" 这些建议促使我重新审视课堂设计，最终加入了以学生个人冒险经历为主题的小组讨论环节，通过语言实践达成教学目标。这种知识共享不仅提升了笔者的学科素养，也强化了团队内部的信任与归属感，充分体现了实践共同体中"社区认同（Community Identity）"的力量。资深教师的指导和同伴间的讨论，让我逐渐摆脱备赛压力，获得内在成长。他们的言行让笔者感受到比赛并非我一个人孤军奋战的过程，而是整个团队共同的使命。这种归属感进一步诠释了实践共同体的意义：成员通过共享责任和成就感找到动力，强化了归属感与专业发展的正向循环（张国平等，2024）。

此外，指导教师黎院长对我的支持进一步彰显了实践共同体在成员成长中的作用。在飞往比赛的航程中，我坦言："设计还不够真实。我应该和学生有更多互动，通过反馈及时调整教学。"黎老师听后立刻根据笔者的教学风格调整了活动细节，将单一练习扩展为以学生反馈为中心的互动环节。新设计鼓励学生从不同视角讨论"冒险精神"，并用所学语言表达感受。这样的调整虽然增加了不确定性，因为学生的回答难以预料，但黎老师全力支持，相信我能驾驭课堂。这种信任不仅体现了对我能力的认可，更是一种深层次的情感支持。黎老师的无条件支持，不仅推动了我的专业发展，也凸显了实践共同体中信任与合作的力量。她的指导展现了"伙伴关系心理保障"的核心（翟莉，2018），将我作为个体和教育者的双重身份融入实践共同体的成长之中。

3.3 实践：从"传帮带"到知识与价值的持续共建

比赛的授课环节是将理论付诸实践的重要场域。在课堂上，笔者引导模拟学生通过分组讨论分享个人的冒险经历，反思冒险精神。一位学生在课堂上回答道："I'm nervous when facing a group of people, so sitting here and answering the question, participating in this situation, is an adventure to me. I don't want to be nervous anymore; I want to challenge myself."（"面对一群人时我会感到紧张，所以坐在这里回答问题并参与这个情境对我来说是一场冒险。我不想再紧张了，我想挑战自己。"）这一回答展现了课程目标的达成，同时凸显了教学中价值观的渗透——鼓励学生直面未知与挑战。这种教学实践深化了"以主题引领"的教学设计理念，将语言知识与价值观教育融为一体，既是教学设计的具体呈现，也是教育理念的生动传递。

比赛过程中，"传帮带"的精神通过实践共同体得以体现。黎老师曾对笔者说："你比赛时我穿红色衣服，这样你在台上就能看见我，不用害怕，我陪着你。"这简单的举动不仅缓解了我的紧张，也象征了学院对个人成长的支持。这种情感支持和教学指导帮助我优化课程设计，进一步实现了知识与价值观的融合。通过这一经验，我将这份支持传递给学生，形成了从学院到教师再到学生的"传帮带"链条，充分体现了实践共同体的协同成长机制。

这种知识传递在比赛问答环节得到了延展。总决赛评委组组长梅教授在比赛中问我："How do you understand 'I was a kid in the world's biggest and best sweet shop'?"（"你如何理解'我就像是全世界最大最好的糖果店里的一个孩子'？"）这个问题引导我深入思考文本含义。我逐渐认识到，Joseph Needham 不仅是东西方文化的桥梁，更是一位对中国文化与科技充满热情的人，他的热情如同孩子对糖果的纯粹热爱。这一互动让我发现了文本分析中的盲点，启发我更深刻地理解语篇的核心价值：作者的用意不仅在于强调跨文化交流，更在于传播对中国文化和科技的热爱与认同。这种递进分析深化了教学实践，同时将师生互动升华为共同体智慧的延续。

比赛后的教学视频传播进一步展现了"传帮带"的延续性。一位学生在实习时对我提到："备课时我多次观看老师的比赛视频，还逐字逐句记录下来，从课堂设计到语言表达，这些内容为我的教学提供了很大启发。"另一位几乎全程参与我备赛、比赛过程的学生表示："参与范老师的比赛准备让我意识到教学设计需要兼顾学生的需求，并灵活运用到课堂活动。"此外，一位已经成为教师的毕业生在教学设计比赛中，将我比赛中的拼图绘画活动改编为"剧本杀"形式，以提升课堂的趣味性和互动性。这种从教师到学生再到学生的学生的知识传递链条，不仅拓宽了教学方法的影响力，也展示了"传帮带"在教学实践中的动态特性。

"传帮带"不仅是教学知识的传递，更是价值观与教育理念的延续。从学院的支持到笔者的教学设计，再到学生的实习实践，这一过程通过共同体的协作与反思构建了持续的教育影响力。实践共同体的协同机制不仅为个人成长提供了动力，也在更广阔的教育场域中推动了价值观的共享与传播。

4. 结语：实践共同体与教师成长的持续路径

通过对教学大赛过程的反思并用实践共同体理论加以分析，笔者认识到，"外教社杯"全国高校外语教学大赛在推动教师专业成长方面发挥的作用尤为突出。它不仅是展示教学能力的平台，更是促进教学创新、情感支持与价值实践的催化剂。在比赛中，教师通过教学设计、团队协作与专家指导优化教学方案，并在理论与实践的结合中取得职业突破（高行亮，2020）。首先，比赛的意义不仅体现在教学创新与实践转化，更在于情感支持和信任构建。团队互动为教师提供了反思与成长的场域，从同事的鼓励到导师的引导，情感支持与专业指导共同推动了知识与信任的构建。这种双向机制增强了教师的职业信心与归属感，巩固了实践共同体的合作与认同。此外，比赛成果通过教学录像的社会化传播并将困难问题转化为研究议题，进一步扩大了教学理念的影响力，强化了外语教育共同体的协作基础。

教学大赛在促进教师专业成长方面展现了巨大潜力，但要充分释放其影响力，实践共同体的支持体系亟需进一步完善。通过整合线上线下平台、深化资源开发、优化教师评价、教研与科研结合，可以构建一个兼具专业支持与情感纽带的多层次实践共同体。首先，线上线下平台建设可为教师发展提供多维支持。线下通过公开课、跨校教学观摩与集体备赛等活动，可以促进团队协作和知识共享。例如示范课工作坊推动了资深教师指导青年教师，构建"传帮带"链条和多主体的"命运共同体"。线上则搭建资源共享与数字化互动平台，开展案例交流、教学日志记录和动态反馈，实现知识更新和跨时空互动。线上线下结合的平台建设，既强化了专业支持，也增强了成员间的情感联结和归属感。

其次，聚焦"以赛促教"与"以赛促学"可以促进相关资源开发。一方面，可将教学大赛经验系统化为指导意见、教学设计手册和相应教学资源。同时，建立模块化的教学资源库，与线上平台的共享资源形成差异化互补，可为教师提供灵活、易用的高质量教学内容，形成动态更新的知识体系，使"传帮带"模式从单纯的知识传递延展到共同创造，进一步提升教学效能。

最后，情感支持与专业成长的融合可通过优化教师评价机制得以实现。评价应关注教师的成长过程，而非仅聚焦最终结果。例如，将教师参赛经历与成长纳入评价范围，肯定教师积累的经验与反思。同时，通过同行评议与赛后总结，评估教师在实践共同体中的参与与贡献。这种过程性评价既凸显教学创新与互动支持的重要性，又尊重教师的成长轨迹，强化实践共同体的情感纽带与协作动力。

教学大赛彰显了实践共同体的力量，不仅助力教师提升教学能力，重塑职业信念，也为外语教育共同体的可持续发展注入了新的活力。这一过程表明，实践共同体既是教师专业成长的有力支撑，也是推动教育教学创新的有效途径。

参考文献

[1] Bayar, A. The components of effective professional development activities in terms of teachers' perspective [J]. *International Online Journal of Educational Sciences*, 2014, 6 (2),319–327.

[2] Lave, J. & Wenger, E. *Situated Learning: Legitimate Peripheral Participation. Learning in Doing* [M]. New York: Cambridge University Press, 2007.

[3] Trust, T. & Horrocks, B. 'I never feel alone in my classroom': teacher professional growth within a blended community of practice [J]. *Professional Development in Education*, 2017, 43(4): 645-665.

[4] 教育部高等学校大学外语教学指导委员会. 大学英语教学指南 [M]. 北京：高等教育出版社 .2020

[5] 高行亮 . 教学比赛的宗旨是"以赛促学" [J]. 教学与管理，2020,(13):31-32.

[6] 何莲珍 . 新时代大学英语教学的新要求——《大学英语教学指南》修订依据与要点 [J]. 外语界，2020, (04):13-18.

[7] 李西顺 . 情感联结：教师专业成长的内在力量 [J]. 当代教育科学，2022,(09):46-52.

[8] 李雨潜 . "青焦"的诞生：高校青年教师的时间焦虑感研究 [J]. 江苏高教，2023,

(09):96-103.

[9] 翟莉.伙伴关系心理保障：大学专家对教师的情感支持[J].教育科学，2018, 34(06):74-78.

[10] 张国平,徐雄伟,唐卫东.高校青年教师教学发展历程透视——基于教学实践性知识建构机制的扎根研究[J].教育发展研究，2024,44(01):8-15.

[11] 张莲,左丹云.叙事视角下高校外语教师过往情感体验对专业身份认同建构的调节研究[J].外语教学，2023,44(01):46-53.

[12] 周天华.加快推进高等教育改革创新 全面提高人才自主培养能力[N/OL].《中国教育报》2024年9月8日 第1版 http://paper.jyb.cn/zgjyb/html/2024-09/08/content_144740_17791188.htm

作者单位：广东外语外贸大学英语教育学院，广东广州 510006

An Exploration of the Dimensional Construction and Development Path of Intercultural Competence for Foreign Language Teachers in the Digital Intelligence Era
数智时代外语教师跨文化能力的维度构建与发展路径探析

彭仁忠

提要： 在全球化与数字化浪潮下，外语教师肩负着前所未有的挑战与机遇。传统跨文化能力培养模式已难以契合新时代需求，数智时代促使教师在语言技能之外，还需具备多元文化适应与数字化沟通能力。本文构建了涵盖认知、情感、行为、反思、行动导向及数字维度的外语教师跨文化能力多维度框架，旨在助力教师于传统与数字课堂中促进跨文化理解与沟通。研究指出，教师需深化文化差异理解、提升情感智力、强化跨文化沟通技巧、培养自我觉察能力、加强跨文化实践应用以及熟练掌握数字技术在教学中的运用。同时，提出了基于培训、实践与技术支持的综合发展路径，以及个人与集体发展的双重路径，为教师跨文化能力的提升提供实践指导，以期推动全球教育质量提升，培育具备全球视野与跨文化沟通能力的学生，使其更好地适应全球化社会。

关键词： 数智时代；外语教师；跨文化能力；多维度构建；发展路径

Abstract: In the context of globalization and digitalization, foreign language teachers are facing unprecedented challenges and opportunities. Traditional intercultural competence training models can no longer meet the needs of the new era. The digital age requires teachers to not only possess language skills, but also the ability to adapt to and communicate in a multicultural and digital environment. This paper constructs a multi-dimensional framework of foreign language teachers' intercultural competence, covering cognitive, emotional, behavioral, reflective, action-oriented and digital dimensions, aiming to help teachers promote intercultural understanding and communication in both traditional and digital classrooms. The study points out that teachers need to deepen their understanding of cultural differences, enhance emotional intelligence, strengthen intercultural communication skills, cultivate self-awareness, strengthen intercultural practice and application, and master the use of digital technology in teaching. At the same time, it puts forward a comprehensive development path based on training, practice and technical support, as well as a dual path of individual and collective development, providing practical guidance for the improvement of teachers' intercultural competence, so as to promote the improvement of global education quality and cultivate students with a global vision and intercultural communication ability, enabling them to better adapt to the globalized society.

Key words: Digital Age; Foreign Language Teachers; Intercultural Competence; Multi-dimensional Construction; Development Path

---

1. 引言

在全球化和数字化日益加深的背景下，外语教师面临着前所未有的挑战和机遇。传统的跨文化能力培养方式已经无法满足新时代跨文化教育的需求，尤其是在数智时代的快速发展下，外语教师不仅要具备语言技能，更需要具备适应和应对多元文化、数字化沟通的能力（Byram 1997；Deardorff 2006）。数智时代对外语教师的跨文化能力提出了更高的要求，教师不仅需要加强传统的文化知识储备，还需要拓展新的能力维度，如数字技术应用能力、虚拟沟通能力等，以适应这一变革的教育环境。

随着全球教育的数字化转型，跨文化能力的创新与适应性显得尤为重要。在这一背景下，外语教师的跨文化能力不仅关乎语言教学的质量，也直接影响到学生的跨文化理解和适应能力（Deardorff 2006；Byram 2021）。在多元文化背景下，教师的认知、情感和行为维度的能力决定了学生是否能够获得深刻的文化理解，这对于外语教学的质量和学生的全球视野培养具有至关重要的作用。因此，数智时代对跨文化能力维度的构建提出了新的思考，旨在推动教师在教学过程中更好地融入跨文化教育，促进学生对全球化社会的适应与理解。

外语教师在数智时代的跨文化能力不仅能够帮助学生理解和适应不同文化背景，还能在教育过程中促进文化多样性的包容和交流。通过运用新的跨文化能力框架，教师能够根据不同文化背景的学生需求，提供个性化和针对性的教学支持，进而推动教育公平和全球教育质量的提升。跨文化能力不仅在面对面的互动中起到重要作用，还扩展到虚拟和在线教学环境中（Chen & Starosta 2000；Guo & Laokulrach 2024）。在这些环境中，外语教师必须具备更高层次的跨文化能力，以确保学生能够在数字化的课堂中获得同样深刻的文化理解。因此，本文将探讨数智时代背景下外语教师跨文化能力的多维度构建，旨在为外语教师提供一个全面的视角，帮助其在传统外语课堂与数字课堂中更好地促进跨文化理解与沟通。通过深入分析跨文化能力的各个维度，探讨外语教师如何有效地培养和发展这些能力，以应对日益复杂的跨文化教学需求，并推动教育质量和学生的全球竞争力提升。

2. 文献综述

2.1 跨文化能力内涵

跨文化能力概念起源于20世纪70年代，爱德华·霍尔1959年的《无声的语言》被视为跨文化交际学奠基之作。学者们对跨文化能力内涵界定各异。Ruben（1976）定义为跨文化行为中的知识、态度或理解能力。Ward & Kennedy（1993）从情感、行为和认知三维度探讨跨文化适应。Chen & Starosta（1996）提出跨文化能力的三个关键组成部分：跨文化敏感性（情感过程）、跨文化意识（认知过程）和跨文化技能（行为过程），强调所需的语言和非语言技能。胡文仲（2013）梳理了学者们对跨文化能力所包含的要素的观点，即"认知、情感（态度）、行为三个层面的能力"。Arasaratnam-Smith（2017）认为跨文化能力包括情感能力、认知能力和行为能力。张红玲和吴诗沁（2022）从认知理解、情感态度、行为技能等方面对跨文化能力进行了界定。近年来，国内越来越多的学者进一步探讨了跨文化能力的多维度特性（如陈艳君，张传燧2013；戴晓东2019，2022；李加军，顾力行2024；彭仁忠等2020；孙有中2016；吴卫平等2013；颜静兰2014；张淳2014；张红玲2022；张红玲，孙有中2024），并强调了跨文化能力的动态发展。跨文化能力的形成不仅依赖于教师的文化认知和情感适应，也与教师的自我反思和经验积累密切相关。教师通过不断的反思和互动，逐步提升对文化差异的敏感度和适应力。

2.2 数智时代与跨文化能力

在数智时代的背景下，外语教师的跨文化能力不仅依赖于传统的文化知识和语言能力，还应当包括对新兴教育技术的掌握与应用。随着人工智能、大数据、虚拟现实等技术的迅速发展，教育领域已经进入了一个全新的教学环境。数智时代为教师提供了丰富的跨文化互动平台，如 AI 辅助学习、跨文化虚拟交流平台和全球合作项目等，这些技术工具可以帮助教师在模拟环境中体验不同文化，从而提升其文化适应与跨文化能力（Dooly & Darvin 2022）。

AI 技术的发展为外语教师提供了个性化教学和自动化评估工具。通过 AI 平台，教师可以实时了解学生的文化背景和学习需求，从而调整教学策略。此外，虚拟现实技术使教师能够在数字平台上体验跨文化交流场景，与全球各地的学生和教师互动，从而更深入地理解并适应不同文化。

然而，数智时代也为外语教师带来了新的挑战。外语教师不仅需要具备较高的技术素养，还需善于将这些技术工具融入教学中，以增强跨文化教育的效果。因此，数智时代对外语教师的跨文化能力提出了新的要求，外语教师不仅需要具备传统的文化能力，还要能够理解并灵活应用新兴技术。

此外，最新的一些研究表明，数智时代下的跨文化能力发展也面临教师技能不足的问题。Ng et al.（2023）指出，许多教师在面对技术变革时，尤其是在将 AI 和虚拟现实融入跨文化教学中时，常常感到比较困难。他们建议，在教师培训中应加强对数智工具的使用技能和跨文化能力的融合，以便教师能够更好地应对新时代的教学需求。

2.3 外语教师跨文化能力的现状与挑战

尽管跨文化能力在外语教学中变得越来越重要，当前的研究表明，许多外语教师在实际应用中仍面临困难。Kramsch（1993）指出，许多教师缺乏跨文化敏感性和应变能力，难以在不同文化背景的学生面前展示有效的文化适应力。随着教育技术的不断进步，教师在将技术与跨文化教学相结合时常感到力不从心。传统的师资培训体系未能充分关注教师跨文化能力的培养，尤其是在数智时代，教师需要同时具备较高的技术素养和文化适应能力，这往往需要教师通过自我反思和自主学习来弥补这一差距（Bennett 2017）。

在数智时代，外语教师面临的主要挑战可以归纳为以下几个方面：（1）文化适应的复杂性：教师与来自不同文化背景的学生进行有效互动，这一过程要求教师具备较高的情感调节和文化敏感性；（2）技术素养的提升：数智时代对外语教师提出了更高的技术要求，外语教师不仅需要掌握基本的技术工具，还要能在教学过程中灵活运用这些工具（Dooly & Darvin 2022）；（3）情感与态度调节：在跨文化教学中，外语教师的情感调节尤为关键，他们需要调节自己的情感状态，以帮助学生适应文化差异带来的压力和挑战。

在全球化的教育环境中，跨文化能力对于教师尤其是外语教师至关重要。跨文化能力不仅指能够与来自不同文化背景的人进行有效互动，还意味着促进相互理解与尊重（Byram 1997；Deardorff 2006；Romijn et al. 2021）。在外语教育中，教师不仅需要具备语言能力，还要能够应对文化差异，这些差异直接影响沟通、学习和教学。随着教育技术的不断发展，跨文化能力不仅限于面对面的互动，还扩展到虚拟和在线环境。

基于上述分析，本研究将构建一个多维度的外语教师跨文化能力扩展框架，涵盖认知、情感、行为、反思、行动导向和数字化维度。这些维度为外语教师跨文化能力的理解与发展提供了一个全新的研究视角，旨在帮助教师在传统课堂和数字课堂环境中有效地促进跨文化理解与沟通。

3. 数智时代外语教师跨文化能力的维度构建

外语教师的跨文化能力是一个多维度的概念，涵盖认知、情感、行为、反思、行动导向以及数字维度（Arasaratnam-Smith 2017; Gong et al. 2022; Guo & Laokulrach 2024; Papadopoulou et al. 2022; Romijn et al. 2021; Tajeddin et al. 2024; 陈艳君，刘德军 2012; Zhang & Zhou 2023; 张红玲 2022）。为了在全球化的数智教育环境中有效地培养学生的全球公民身份和跨文化沟通能力，外语教师必须在这些维度上不断发展和完善自身的跨文化能力（Byram, 2021）。随着跨文化教育的数智化，外语教师还需培养数字素养，以应对虚拟环境中的跨文化互动，这要求外语教师不仅具备面对面的文化适应能力，还能娴熟地在数字平台上进行跨文化交流和互动（Dooly & Darvin

2022）。通过在这些维度上全面提升跨文化能力，外语教师能够更好地满足多元化学生群体的需求，为学生在全球化世界中取得成功做好充分准备。

3.1 认知维度

外语教师的跨文化能力传统上依赖于对目标文化的知识掌握（Arasaratnam-Smith 2017）。认知维度的核心在于教师能够理解并传递不同文化的历史背景、价值观和社会习俗（Okken et al. 2022）。然而，在数智时代，这一维度的内涵已得到拓展，不仅包括对文化差异的理解，还要求教师能够通过现代技术手段分析并应对这些差异。数字化时代为教师提供了丰富的信息渠道，尤其是大数据的应用，使教师能够获得更加全面和多样化的文化信息。因此，跨文化能力的认知维度不仅依赖于传统的文化学习和知识积累，还需要教师能够利用技术工具获取全球化背景下的新文化信息。

文化知识是认知维度的重要组成部分，涉及教师对不同文化的了解，包括所教授语言的文化规范、价值观和沟通方式（Kramsch 1993；Deardorff 2006；张红玲，吴诗沁 2022）。这种文化知识帮助教师将语言与文化之间建立有意义的联系，从而增强教学的有效性。

文化意识是认知维度的关键，指教师理解文化如何塑造人们的行为、态度和互动方式（Deardorff 2006）。具备高度文化意识的教师能够识别并应对课堂中潜在的文化误解，并据此调整教学策略。此外，文化意识还使教师能够教授语言所承载的文化，使学生的语言学习更加相关和有意义（Byram 1997；张红玲，吴诗沁 2022）。

在数字化背景下，文化知识的范畴应进一步扩展至**全球文化与数字文化**。随着跨国沟通的便捷，教师需要理解数字空间中的文化交流风格、规范和礼仪的差异（Gong et al. 2022）。教师不仅要具备传统文化知识，还需要能够应对数字工具和平台上不同文化背景下的互动模式。

全球视野与本土化能力也是认知维度的重要内容。随着互联网的普及，外语教师能够突破传统课堂的局限，通过线上平台与全球教育资源进行互动。教师的全球视野使其能够在教学中融入全球化背景，并提升学生的国际化素养。全球视野强调教师在教学中站在全球角度看待问题，并将全球教育理念与本土文化相结合。在跨文化教育中，全球视野与本土化能力的结合至关重要，教师应在两者之间找到平衡，以便为学生提供多元文化视角和富有本土特色的教育体验。数智时代的数字化平台为教师提供了获取全球教育资源和文化信息的机会，这些资源能够灵活运用于课堂教学，帮助教师拓宽全球视野，并为学生带来丰富的跨文化学习内容。

3.2 情感维度

情感维度在传统的跨文化能力框架中通常涉及对不同文化的尊重、同理心和跨文化适应能力（Derakhshan & Nazari 2024; Zheng 2023）。然而，在数智时代，外语教师面临的新任务是：如何在虚拟环境中保持对其他文化的同理心与尊重。在传统的面对面教学中，教师可以通过肢体语言、面部表情等非语言信号传达对文化差异的尊重，但在虚拟环境中，如何有效地表达情感成为新的挑战。因此，教师需要利用在线平台和虚拟课堂等工具，培养学生的跨文化同理心，并掌握如何在网络互动中适当地表达情感（Hackett et al. 2023）。

跨文化敏感性是情感维度的核心，指的是识别和回应文化差异的能力（Bennett 2017）。具备高跨文化敏感性的教师能够调整教学方法和沟通风格，以适应不同文化背景学生的需求，从而有效避免文化误解并促进和谐的师生关系（Kaya 2022）。

同理心与情感智力是跨文化教学中的关键组成部分。具有同理心的教师能够更好地理解学生在外语学习过程中面临的文化和语言障碍（Goleman 1995）。情感智力帮助教师管理自己的情绪，并在课堂中创建支持性和和谐的氛围。Goleman（1995）指出，情感智力对教师至关重要，它不仅能帮助教师有效管理学生的情感，还能促进教师与学生之间的深层次联系，从而提升跨文化教学的效果（Zheng 2023）。

情感调节与心理素质在跨文化教学中尤为重要。教师不仅要具备跨文化知识，还需具备良好的情感调节能力，以帮助学生适应文化差异带来的心理压力（Bennett 2017; Goleman 1995）。教师在面对文化冲突和误解时，可能会感到焦虑或困惑，因此，情感调节能力直接影响其跨文化教学的效果（Liu al. 2022）。教师应具备适应性强的情感管理技巧，以维持积极的教学态度并有效支持学生的跨文化适应。在数智时代，教育技术为教师的情感调节提供了新的途径。在线学习平台和虚拟现实技术使教师能够模拟不同的文化冲突情境，并通过情感管理训练提高其情感调节能力（Goleman 1995; Sun 2024）。这些技术不仅帮助教师自我调节，还为学生提供了情感支持与适应训练的机会。

3.3 行为维度

行为维度主要指教师在跨文化交流中如何灵活调整自己的行为模式，以适应不同文化的沟通和教学需求。这一维度强调教师根据文化差异调整沟通方式和教学方法，展现出适应性和灵活性。在传统面对面教学中，教师通过语言和非语言方式与学生互动，而在数智时代，跨文化行为的维度则拓展到虚拟和数字化交往中。教师不仅需适应面对面的跨文化交流，还需具备在数字平台上进行有效沟通的能力。这要求教师掌握网络礼仪、在线沟通技巧以及数字化跨文化能力，尤其在全球化和数字化背景下，教师需要通过多语种平台与学生进行有效互动（Liu et al. 2023）。

跨文化有效沟通是行为维度的核心，要求教师能够根据文化差异调整语言、语气和非语言沟通方式，以避免误解并促进有效交流（Byram 1997）。例如，在数字平台上，教师需应对多语言沟通的挑战，借助翻译工具和多语种平台与学生进行互动（Zhang & Zhou 2023）。因此，教师的跨文化沟通能力不仅体现在面对面的互动中，更在于如何在虚拟环境中实现有效沟通。

文化适应能力是外语教师跨文化能力的基础，指教师是否能够有效适应不同文化背景的教学环境，并尊重和理解文化差异。教师在数字时代需要展现更高的适应性，能够理解并融入全球化背景下的跨文化交流模式。例如，在跨国教学项目中，教师需要快速适应不同文化的教学方法和学习习惯，以创造一个包容性强的课堂环境（Kaya 2022）。

教学和课堂管理中的适应性是行为维度的另一个关键方面。教师需要根据学生的文化背景调整教学方法和课堂管理策略（Fantini 2000）。在数智时代，教师不仅要依据学生倾向于合作学习或偏向于独立学习的差异灵活调整教学策略，还需巧妙运用数字工具来促进课堂互动，比如借助在线平台开展小组合作、实施实时反馈以及组织互动讨论等。

3.4 反思维度

反思维度强调教师批判性地审视自身的文化假设、偏见和教学实践，进行持续的自我反思，识别并调整个人偏见，以改善教学方法、提升跨文化理解和教学效果（Kramsch，1993）。教师的自我意识使其能够认识到自己的文化偏见，并反思这些偏见如何影响与学生的互动。尤其在跨文化教学中，教师需要定期评估自己的教学实践，以确保其方法具有包容性，并能够促进所有学生的学习与发展。

自我反思与文化偏见是跨文化能力的重要组成部分。教师必须意识到自身文化价值观及偏见的存在，并理解这些因素如何在教学中产生影响（Romijn et al. 2021）。例如，来自个人主义文化背景的教师，或许会难以理解集体主义文化背景学生在合作学习中的行为模式。通过反思实践，教师能够调整教学方式，更好地满足不同文化背景学生的需求。持续的自我反思能让教师识别并纠正潜在的文化偏见，从而有效提升跨文化教学的效果。

跨文化教育中的批判性思维是教师提高跨文化教学能力的关键。教师需要利用批判性思维挑战自己固有的文化假设，重新审视其文化视角如何影响教学决策和师生互动。这一过程不仅促进教师对跨文化差异的更深理解，还帮助其在教学实践中更加灵活地应对不同文化背景学生的需求（Perry & Southwell 2011）。批判性思维要求教师不断审视和修正自己的教学策略，以避免陷入文化刻板印象，并提高教学的包容性和有效性。

3.5 行动导向维度

行动导向维度要求教师能够在课堂内外积极创造跨文化学习机会，将全球视角有效融入课程设计。教师能够通过精心设计的活动和教学策略促进跨文化理解与合作，利用技术工具推动国际合作与跨文化学习。Byram (1997) 的模型指出，行动导向是跨文化能力的重要组成部分，它要求学习者在具体情境中应用所学的文化知识和技能，从而能够有效地进行跨文化交流。这种能力不仅包括语言技能的运用，还涉及非语言沟通手段的掌握，如肢体语言、面部表情等。另外，外语教师的行动导向与思政育人紧密相连，其核心在于通过外语教学实现立德树人的根本任务。外语教师在课程思政中的角色不仅是语言知识的传授者，更是价值观的引导者和学生思想品德的塑造者（孙有中等 2024）。

思政育人要求外语教师主动将思想政治教育融入教学内容，挖掘教材思政元素，传递正确三观，达成知识传授与价值引领的统一（苗兴伟 2023）。外语教师在课程设计中通过比较中西文化，激发学生的爱国情怀和民族自豪感，同时培养他们用国际化的视角分析问题的能力。这种能力的培养不仅有助于学生形成正确的价值观，还能提升他们的综合素质和国际竞争力。

促进跨文化对话是教师的重要任务之一。教师应营造一个包容的课堂环境，让学生能够自由表达自己的文化身份，并从他人的文化中学习（Deardorff 2006）。通过小组讨论、文化展示以及跨文化讲座等形式，教师不仅帮助学生了解多样化的文化视角，也促进了他们对文化差异的尊重和理解。

跨文化活动的设计是教师提升学生跨文化能力的关键策略。教师可以设计多样化的教学活动，如虚拟交流、角色扮演和案例分析，帮助学生探索文化差异，并培养有效的跨文化沟通技巧（Byram 1997）。随着数字技术的发展，在线平台成为促进跨文化互动和合作学习的有力工具。教师可以利用这些技术资源组织国际合作项目或在线文化交流，提升学生的全球视野。

3.6 数字维度

数字跨文化能力是数智时代外语教师的核心素质（Biletska et al. 2021）。在信息技术的迅速发展和全球化进程的推动下，数字跨文化能力已成为外语教师的重要素质。随着虚拟平台和在线工具的普及，教师不仅需要具备基本的技术能力，还需能够有效地进行跨文化教学，创造适应不同文化背景的教育环境。这一能力要求教师能够灵活运用数字工具、虚拟课堂和社交媒体，管理虚拟课堂并与来自不同文化背景的学生互动，同时考虑文化差异对交流方式和互动效果的影响（Zhang & Zhou 2023）。

数字平台在跨文化教学中的应用，为跨越物理和文化界限提供了独特的教学空间。教师不仅需要具备技术操作能力，还应能在虚拟环境中创建文化适应性的学习氛围。数智时代要求外语教师将人工智能、虚拟现实等新兴技术与跨文化教育结合，借助技术手段让学生接触多元文化视角，如通过虚拟交换项目或在线文化资源进行跨文化学习（Dooly & Darvin, 2022）。通过这种方式，教师不仅拓展了跨文化交流的空间，还能够提升学生的全球视野，促进跨文化理解。

虚拟跨文化交流能力要求教师能够在数字环境中进行有效的跨文化沟通，特别是在虚拟平台成为主要交流途径的背景下。教师与学生的互动不再局限于面对面的交流，要求教师能够灵活应对文化差异并促进文化适应。Sun（2024）强调，教师应善于利用视频会议和在线协作工具打破文化壁垒，促进有效沟通。此外，教师还应根据不同文化背景调整语言、语气和行为，妥善管理虚拟课堂中的文化冲突，确保互动的有效性。通过在线讨论、虚拟交流和跨文化项目等方式，教师能增强学生之间的文化互动，提升教学效果（Liu et al. 2023）。

大数据驱动的文化适应能力为教师提供了更加精准的跨文化教学支持，帮助教师通过分析学生的文化背景、学习习惯和语言能力等数据，依据学生的个性化需求调整教学方法和内容，从而提升教学效果。大数据驱动的文化适应能力要求教师不仅具备文化知识，还能运用数据分析结果灵活调整教学策略，以优化跨文化教育的效果（Romero & Ventura 2020）。此外，教师应具备创新能力，通过大数据反馈持续优化教学内容和模式，确保能够适应不同文化背景学生的需求。

在数智时代，数字跨文化能力已成为提升跨文化教育效果的关键因素。教师通过合理运用数字平台、虚拟工具和大数据分析，可以突破文化和地域的限制，为学生创造更加丰富和多元的跨文化学习体验。数智时代对外语教师提出了更高的要求，不仅要具备良好的技术素养，还要在跨文化教育中展现创新能力和敏锐的文化适应性，从而满足全球化教育的需求。

4. 数智时代外语教师跨文化能力的发展路径

4.1 基于培训、实践与技术支持的能力综合发展路径

（1）培训与教育：跨文化能力提升的培训模式与数字平台应用

外语教师的跨文化能力提升离不开系统化的培训与教育体系。在数字智能时代，传统的面对面培训模式已经难以满足教师日益增长的需求。因此，越来越多的教育机构和高校开始借助数字平台和线上课程来推动教师跨文化能力的发展（Liu et al. 2023）。例如，多个教育机构通过开设专门的跨文化能力培训课程，结合线上学习平台、虚拟课堂和互动讨论，帮助教师在增强跨文化沟通技巧、提升文化敏感性和优化多文化环境中的教学能力方面取得显著进展。

随着人工智能（AI）与大数据技术的应用，教师的跨文化能力提升迎来了更广阔的发展空间。智能推荐系统能够根据教师的教学需求与文化背景定制个性化的学习内容，使教师能够在虚拟教学平台上与全球同行进行互动与协作，从而提升跨文化教学能力（Sun 2024）。此外，数字平台通过灵活的学习方式和个性化推荐系统，帮助教师深度了解文化差异，并在实践中更好地融入这些差异，从而提升其跨文化教学的效率与效果（Zhang & Zhou 2023）。

（2）实践与经验：虚拟交流与国际合作项目中的跨文化经验积累

跨文化能力的提升不仅依赖理论学习，还需要通过实际的跨文化经验积累。虚拟交流和国际合作项目为教师提供了丰富的跨文化实践机会。例如，参与国际教育合作项目能够让教师与来自不同文化背景的同行进行深入交流，并通过与国际学生的互动，提升其在多文化课堂中的教学效果。平台如 eTwinning 和 Zoom 等，为教师提供了多种跨文化教学实践的渠道。Paik et al.（2015）指出，跨文化交流项目不仅能够提升教师的文化适应性，还能帮助教师在多文化环境中更有效地开展教学，从而进一步提升其跨文化沟通技能。

（3）技术与工具：AI与虚拟现实技术在跨文化教学中的支持

随着科技的飞速发展，人工智能（AI）和虚拟现实（VR）技术正逐步成为外语教师跨文化教学的重要支持工具。AI技术可以通过分析学生的学习行为和反馈，为教师提供个性化的教学建议与跨文化交流策略。例如，AI助手可以根据学生的文化背景与学习需求，推荐适合的教学资源和方法，从而有效提高教师的跨文化教学效率与质量（Ng et al. 2023）。这种基于大数据的精准教学方式，有助于教师更好地理解和适应学生的跨文化差异，进而优化教学策略。虚拟现实（VR）技术则提供了一种身临其境的学习体验，能够帮助教师在虚拟跨文化环境中进行实践教学。通过模拟多文化环境，教师可以在虚拟情境中进行实践，从而提升其跨文化适应能力和教学效果（Liu et al. 2023）。通过虚拟实境，教师不仅能让学生体验到不同文化背景下的情境，还能有效提升学生的跨文化沟通与适应能力。这些先进技术的应用不仅优化了教师的教学效果，也极大地改善了学生的跨文化学习体验。

（4）心理支持与情感调节：情感智力培养与教师心理健康支持

跨文化教学不仅涉及文化适应和技术应用，还包括教师情感管理与心理调节方面的挑战。在多文化教学环境中，教师面临着更大的压力和焦虑，尤其是在应对文化差异和跨文化冲突时。情感智力（Emotional Intelligence, EI）在此过程中扮演着至关重要的角色。它不仅帮助教师识别和理解自己的情感，还能有效管理与学生之间的情感互动，在处理跨文化冲突和情感需求时尤为关键（Goleman 1995）。Mayer et al.（2004）强调，情感智力的培养不仅能够增强教师的自我觉察和情感调节能力，还能有效帮助教师应对跨文化教学中的情感压力。因此，情感智力的提升和教师心理健康的支持应成为教师跨文化能力发展路径的重要组成部分。通过情感调节、压力管理等技巧，教师能够保持良好的心理状态，从而更好地应对跨文化教学中的各种挑战。

4.2 基于维度的跨文化能力提升路径

外语教师的跨文化能力提升应从多个维度进行考虑。每个维度不仅具有独特的能力发展路径，还需要配合相应的教育方法与策略。以下将从认知、情感、行为、反思、行动导向和数字维度六个方面探讨外语教师跨文化能力的提升路径。

（1）认知维度：深化文化差异的理解与敏感性

认知维度关注教师对文化差异的理解和敏感度。研究表明，跨文化教育课程能显著提升教师对文化背景差异的认知能力，从而帮助其更好地适应多元文化环境（Okken et al. 2022）。通过文化沉浸活动和跨文化课程，教师能够直接体验不同文化的特征，进而加深对文化差异的理解与敏感性（Arasaratnam-Smith 2017）。此外，互动式在线学习平台为教师提供了与全球文化背景学生互动的机会，这不仅增加了文化接触的深度，也促进了教师跨文化认知的提升（陈艳君，刘德军 2012；Zhang & Zhou 2023）。

具体路径包括：

1) **跨文化课程与培训**：定期参与跨文化教育课程，提升教师对全球文化差异、历史背景、社会习俗等方面的认知。
2) **文化沉浸式体验**：通过短期文化交流、国际项目或海外培训，增强教师的文化体验。
3) **跨文化案例分析**：通过分析实际教学中的跨文化案例，教师能识别文化冲突的根源，并提升文化敏感度。
4) **互动式在线学习**：利用在线平台参与跨文化交流论坛和在线讲座，深化与不同文化背景人们的互动，从而加深对文化差异的理解。

（2）情感维度：提升情感智力与情感调节能力

情感维度主要关注教师的情感智力（Emotional Intelligence, EI）和跨文化情感调节能力。研究表明，情感管理技巧的培养不仅有助于教师调节自身情绪，还能提高教师在跨文化环境中的情感适应能力（Liu et al. 2022）。反思性实践和情境模拟等方法能够帮助教师更好地理解自己在跨文化情境中的情感反应，进而提升其情感调节能力。

具体路径包括：

1）**情感管理课程与支持**：通过情感智力课程提升教师的情感识别、调节和同理心等能力。此外，提供心理健康支持，如情感支持小组和咨询服务，有助于教师在跨文化教学中应对情感挑战。

2）**跨文化情感调节技巧**：教师应学习认知重构、积极情感表达和情绪恢复等方法，从而提高应对文化冲突时的情感调节能力。

（3）行为维度：强化跨文化沟通技巧与适应能力

行为维度的提升侧重于教师的跨文化沟通技巧和适应能力。研究显示，跨文化合作项目有助于教师与不同文化背景学生的互动，从而提升其跨文化沟通技巧（Paik et al. 2015）。虚拟教学和在线交流平台则为教师提供了多样的跨文化互动机会，帮助其提升沟通技巧并增强文化适应能力（Sun 2024）。此外，跨文化模拟和角色扮演为教师提供了实践场景，帮助其在模拟教学环境中增强应变能力（Li 2024）。

具体路径包括：

1）**跨文化合作项目**：通过参与跨文化教育合作、国际研讨会等项目，教师可以提高跨文化沟通能力并提升文化理解。

2）**虚拟教学与交流平台**：通过 Zoom、Teams 等平台，教师可与不同文化背景的学生进行远程互动，提升其跨文化沟通技巧。

3）**跨文化模拟与角色扮演**：教师可参与跨文化模拟和角色扮演活动，培养应对跨文化冲突和差异的应变能力。

（4）反思维度：培养自我觉察与批判性思维

反思性实践是教师提升跨文化能力的关键途径。教师应定期进行自我评估，识别和改进自己在跨文化教学中的不足。研究表明，通过教学日志、自我反思和同行反馈，教师能够更清晰地认识到自己在跨文化教学中的盲点和偏见，并进行相应调整（Romijn et al. 2021）。

具体路径包括：

1）**教学日志与自我评估：** 鼓励教师记录和分析跨文化教学过程中的互动与挑战，从而更好地评估自己的教学策略和文化反应。

2）**同行反馈与讨论：** 通过与同事的定期教学反馈和讨论，教师能够获取多元的跨文化教学经验和视角，进一步优化教学方法。

3）**文化敏感度培训：** 定期的文化敏感度培训帮助教师认识到文化差异对教学实践的深远影响。

（5）行动导向维度：加强跨文化实践与情境应用

行动导向维度的能力提升侧重于如何将理论知识应用于实际教学中（Byram 1997）。教师的跨文化能力不仅仅体现在认知和情感层面，更需要通过具体的实践行动来体现。在这一维度上，教师应通过模拟情境、国际合作等方式强化实践能力。同时，外语教师在课程思政中的行动导向应围绕提升自身素养、创新教学方法、加强价值引领展开。通过这些努力，外语教师能够更好地实现教书育人、立德树人的目标，为培养德才兼备的国际化人才贡献力量。

具体路径包括：

1）**思政设计与平台搭建：** 在课程设计阶段，教师需深入挖掘思政元素，将其巧妙融入语言教学，实现二者有机互补。借助数智技术革新教学手段，同时积极组织并参与思政教学大赛，激励教师开拓创新教学模式。学校层面，应搭建专业发展平台，如定期举办课程思政教研工作坊、研讨会，构建教研共同体，为外语教师提供交流与合作的广阔空间，助力教师团队共同成长，提升课程思政育人水平。

2）**跨文化模拟与角色扮演：** 通过组织跨文化模拟教学和情境演练，教师能够在实际教学中灵活应对文化差异和冲突。

3）**参与国际合作与交流项目：** 通过参与跨国教育项目，教师可以直接与来自不同文化背景的学生和教师互动，进一步提升跨文化沟通能力。

（6）数字维度：利用技术提升跨文化教学能力

在数智时代，数字技术对跨文化教学的支持日益重要。教师需要掌握如何在数字平台上开展跨文化教学，并充分利用技术手段提升教学效果。AI、大数据、虚拟现实（VR）和增强现实（AR）技术的结合，为教师提供了强大的跨文化教学支持（Ng et al. 2023; Sun, 2024）。

具体路径包括：

1）**在线教育平台与虚拟课堂**：教师应通过MOOC、网络研讨会等平台参与跨文化学习，实时获取全球范围内的跨文化教学方法与理念。
2）**虚拟现实与增强现实技术**：利用VR和AR技术，教师可以为学生提供沉浸式的跨文化学习体验，增强教学效果并提升应对复杂文化环境的能力。
3）**AI与大数据个性化教学**：利用AI技术和大数据分析，教师能够为每个学生量身定制跨文化教学内容，并通过智能平台实现精准的跨文化教学策略。

4.3 教师个人与集体发展的双重路径

教师的跨文化能力不仅源于个人的努力和自我提升，也受到集体协作与跨学科合作的影响。教师可以通过自我反思与批判性思维的培养，不断提升自己的跨文化教学能力；同时，通过集体合作与跨学科的互动，教师能够共享资源、交流经验，推动跨文化教育的创新和发展。本节将探讨这两条路径的实施方法，为教师的跨文化能力提升提供实践指导。

（1）个人发展的自我反思与持续提升

教师个人的跨文化能力发展，核心在于自我反思和持续提升。通过定期回顾和评估自己的教学实践，教师能够识别跨文化教学中的不足，并采取有效的改进措施。根据Tajeddin et al.（2024）的研究，定期的自我反思有助于深化教师对跨文化教学理论与实践的理解，从而不断提高其跨文化教学能力。

在自我提升的过程中，批判性思维的培养尤为重要。批判性思维能够帮助教师全面审视跨文化教学中的复杂性与多样性，从而作出更加灵活与前瞻性的教学决策。此外，参与跨文化教育的培训、学术讲座以及阅读最新的相关文献，可以帮助教师及时掌握跨文化教育领域的最新动态和研究成果（Yarychev 2024）。虚拟学习平台和在线课程为教师提供了灵活的学习机会，使教师能够在更新知识储备的同时，提升跨文化沟通与教学技能。为了更好地应对跨文化教学中的复杂情境，教师还可以通过情境模拟和案例分析等方式，培养处理文化冲突和应对多元文化背景下复杂情境的能力（Drajati et al. 2024）。以下是具体的实践路径：

1) **定期反思与自我评估：** 教师应建立定期反思机制，至少每学期进行一次自我评估，识别跨文化教学中的不足，并进行相应改进。
2) **参与跨文化培训与国际会议：** 通过参与跨文化教育培训项目和国际学术会议，教师能够及时了解跨文化教育的新方法和新动态。
3) **情境模拟与案例分析：** 教师可以利用虚拟情境模拟和案例分析的方式，预设跨文化教学中的潜在冲突并加以应对，为实践提供针对性训练。

（2）集体协作与跨学科合作的路径设计

教师的跨文化能力不仅仅依赖于个人努力，还受到集体协作与跨学科合作的影响。集体协作为教师提供了一个共享知识与资源的环境，能够促进集体智慧的汇聚，从而推动教师个人和集体的共同发展（Sagre et al. 2024）。在跨文化教育领域，集体协作能够激发教师的创新思维，拓宽其视野，进而提升跨文化教育的质量。

通过云端研学共同体等线上平台，教师可以与不同学科的同仁共同设计和反思跨文化教学内容，分享教学经验，评估教学效果。这种集体协作不仅有助于推动跨文化教育的创新，还能帮助教师更好地应对文化多样性所带来的挑战。跨学科合作尤其能够为教师提供更为丰富的跨文化教育视角，借助文化学、社会学等领域的知识，帮助教师构建更加包容且深刻的跨文化教育方案（Segura-Fernández, et al. 2024）。具体方法如下：

1) **跨学科研学共同体：** 鼓励教师参与跨学科的团队合作，特别是在跨文化教育领域，与其他学科的教师共同制定教育目标、教学策略及评估方法。

2）**定期分享与集体智慧**：通过线上平台或研讨会形式，教师可以定期分享自己的跨文化教学经验与面临的挑战，促进集体智慧的共享。

3）**跨学科课程设计**：教师可以与文学、社会学、历史学等学科的同仁合作，共同设计多元文化背景下的跨学科课程，以深化学生对文化差异的理解与尊重。

通过集体协作与跨学科合作的路径，教师可以获得更多的视角与经验，从而更好地应对跨文化教育中的各种挑战，推动教师个人和集体跨文化教育能力的同步提升。

5. 结语

综上所述，数智时代对外语教师跨文化能力提出了新的要求。为了更好地适应全球化和数字化的教育环境，外语教师需要在认知、情感、行为、反思、行动导向和数字化等多个维度上提升其跨文化能力。这些维度相互交织，形成了一个动态的跨文化能力体系，有助于教师在多元文化背景下进行有效的教学互动，并促进学生的跨文化理解和适应能力。通过不断更新和完善跨文化能力框架，外语教师能够更好地应对数智时代带来的挑战与机遇，推动全球教育质量的提升，培养具备全球视野和跨文化沟通能力的学生。

参考文献

[1] Arasaratnam-Smith, L. A. (2017). Intercultural competence: An overview. *Intercultural Competence in Bigher Education*, 7-18.

[2] Bennett, M. (2017). Development model of intercultural sensitivity. In Y. Kim (Ed.). *International Encyclopedia of Intercultural Communication*. Wiley.

[3] Biletska, I. O., Paladieva, A. F., Avchinnikova, H. D., & Kazak, Y. Y. (2021). The use of modern technologies by foreign language teachers: developing digital skills. *Linguistics and*

Culture Review, 5(S2), 16-27.

[4] Byram, M. (1997). *Teaching and Assessing Intercultural Communicative Competence*. Multilingual Matters.

[5] Byram, M. (2021). *Teaching and Assessing Intercultural Communicative Competence: Revisited*. Multilingual Matters.

[6] Chen, G. M., & Starosta, W. J. (1996). Intercultural communication competence: A synthesis. *Annals of the International Communication Association*, 19(1), 353-383.

[7] Chen, G. M., & Starosta, W. J. (2000). The development and validation of the intercultural sensitivity scale. *Human Communication*, 3(1), 1-15.

[8] Deardorff, D. K. (2006). The identification and assessment of intercultural competence as a student outcome of internationalization. *Journal of Studies in International Education*, 10(3), 241-266.

[9] Derakhshan, A., & Nazari, M. (2024). Examining teacher identity construction in action research: The mediating role of experience. *Educational Studies*, 50(6), 1280-1299.

[10] Drajati, N. A., Tan, L., Wijaya, S. A., & Tyarakanita, A. (2024). Developing pre-service teachers' intercultural communication competence: Learning through extracurricular informal digital learning of English. *Studies in English Language and Education*, 11(2), 855-872.

[11] Dooly, M., & Darvin, R. (2022). Intercultural communicative competence in the digital age: critical digital literacy and inquiry-based pedagogy. *Language and Intercultural Communication*, 22(3), 354-366.

[12] Fantini, A. E. (2000). A central concern: Developing intercultural competence. *SIT Occasional Paper Series*, 1, 25–42.

[13] Goleman, D. (1995). *Emotional Intelligence*. Bantam Books.

[14] Gong, Y. F., Lai, C., & Gao, X. A. (2022). Language teachers' identity in teaching intercultural communicative competence. *Language, Culture and Curriculum*, 35(2), 134-150.

[15] Guo, L., & Laokulrach, M. (2024). The influences of teachers' intercultural competence on teaching performance and international student engagement: The mediating role of teachers' transformational leadership. *International Journal of Education and Practice, 12*(4), 1201-1223.

[16] Kramsch, C. (1993). *Context and Culture in Language Teaching*. Oxford University Press.

[17] Li, H. (2024). Strategies for cultivating intercultural communicative competence in language education. *Frontiers in Educational Research*, 7(4).

[18] Liu, S., Gao, S., & Ji, X. (2023). Beyond borders: exploring the impact of augmented reality on intercultural competence and L2 learning motivation in EFL learners. *Frontiers in Psychology*, 14.

[19] Liu, Y., Liu, J., & King, B. (2022). Intercultural communicative competence: Hospitality industry and education perspectives. *Journal of Hospitality, Leisure, Sport & Tourism Education*, 30.

[20] Mayer, J. D., Salovey, P., & Caruso, D. (2004). Emotional intelligence: Theory, findings, and implications. *Psychological Inquiry*, 15(3), 197-215.

[21] Ng, D. T. K., Leung, J. K. L., Su, J., Ng, R. C. W., & Chu, S. K. W. (2023). Teachers' AI digital competencies and twenty-first century skills in the post-pandemic world. *Educational Technology Research and Development*, 71(1), 137-161.

[22] Okken, G. J., Jansen, E. P. W. A., Hofman, W. H. A., & Coelen, R. J. (2022). Interculturally competent teachers: behavioural dimensions and the role of study abroad. *Cogent Education*, 9(1).

[23] Paik, S. J., Ganley, D. E., Luschei, T. F., Kula, S. M., Witenstein, M. A., Shimogori, Y., & Truong, K. K. (2015). Intercultural exchange among global teachers: The case of the teaching excellence and achievement study abroad program. *International Journal of Intercultural Relations*, 49, 100-113.

[24] Papadopoulou, K., Palaiologou, N., & Karanikola, Z. (2022). Insights into teachers' intercultural and global competence within multicultural educational settings. *Education Sciences*, 12(8), 502.

[25] Perry, L. B., & Southwell, L. (2011). Developing intercultural understanding and skills: Models and approaches. *Intercultural Education*, 22(6), 453-466.

[26] Romero, C., & Ventura, S. (2020). Educational data mining and learning analytics: An updated survey. *Wiley Interdisciplinary Reviews: Data Mining and Knowledge Discovery*, 10(3), e1355.

[27] Romijn, B. R., Slot, P. L., & Leseman, P. P. (2021). Increasing teachers' intercultural competences in teacher preparation programs and through professional development: A review. *Teaching and Teacher Education*, 98.

[28] Ruben, B. D. . (1976). Assessing communication competency for intercultural adaptation. *Group & Organization Management*, 1(3), 334-354.

[29] Segura-Fernández, R., Montoya-Fernández, C., Mora-Mora, M. E., & Gómez-Barreto, I. M. (2024). Intercultural Professional Community of Practice: Weaving Networks for Global Citizenship. In Transformative Intercultural Global Education (pp. 149-169). *IGI Global*.

[30] Sun, L. (2024). Enhancing intercultural competence of Chinese English majors through AI-enabled Collaborative Online International Learning (COIL) in the digital era. *Education and Information Technologies*, 1-33.

[31] Tajeddin, Z., Saeedi, Z., & Khanlarzadeh, N. (2024). Enhancing language teachers' skills for intercultural instruction: affordance of collaborative reflection. *Language and Intercultural Communication*, 24(6), 693-709.

[32] Ward, C., & Kennedy, A. (1993). Where's the culture in cross-cultural transition? Comparative studies of sojourner adjustment. *Journal of Cross-Cultural Psychology*, 24(2), 221–249.

[33] Yarychev, N. (2024). Intercultural competence of teachers: Training and development in the modern educational context. In SHS Web of Conferences (Vol. 195, p. 06011). *EDP Sciences*.

[34] Zhang, X., & Zhou, M. (2023). Information and digital technology-assisted interventions to improve intercultural competence: A meta-analytical review. *Computers & Education*, 194.

[35] Zheng, W. (2023). Emotional intercultural competence in contexts: an ethnographic study of Chinese international postgraduate students. *Higher Education*, 86(6), 1307-1324.

[36] 陈艳君，刘德军. (2012). 大学外语教师跨文化理解能力及其养成路径. 大学教育科学 (04), 71-75.

[37] 陈艳君，张传燧. (2013). 大学外语教师跨文化理解能力的文化心理机制及四维养成模式. 国家教育行政学院学报 (11), 54-57.

[38] 戴晓东. (2022). 中国教师视角的跨文化能力模型建构. 外语界 (05), 20-28.

[39] 戴晓东. (2019). 跨文化能力理论发展六十年：历程与展望. 外语界 (04), 58-66.

[40] 胡文仲. (2013). 跨文化交际能力在外语教学中如何定位. 外语界 (06), 2-8.

[41] 李加军，顾力行. (2024). 国际跨文化能力研究：现状与展望. 外语界 (04), 24-32.

[42] 苗兴伟. (2023). 外语课程思政视域下价值引领的实践路径. 外语与外语教学 (6): 20-27.

[43] 彭仁忠，付容容，吴卫平. (2020). 新时代背景下跨文化外语教学理论模型和实践模型研究. 外语界 (04), 45-53.

[44] 孙有中. (2016). 外语教育与跨文化能力培养. 中国外语 (03), 17-22.

[45] 孙有中，张莲，陈法春. (2024). 外国语言文学类专业课程思政建设：目标、原则与路径. 外语界 (02), 2-6.

[46] 吴卫平，樊葳葳，彭仁忠. (2013). 中国大学生跨文化能力维度及评价量表分析. 外语教学与研究 (04), 581-592+641.

[47] 颜静兰. (2014). 外语教师跨文化交际能力的"缺口"与"补漏". 上海师范大学学报（哲学社会科学版）(01), 138-145.

[48] 张淳. (2014). 中国高校外语教师信念量化研究——基于跨文化交际能力的培养. 中国外语 (06), 91-95+105.

[49] 张红玲. 跨文化外语教育新发展研究 [M]. 北京：清华大学出版社，2022.

[50] 张红玲，孙有中. (2024). 跨文化交际学助推外语新文科建设的理论逻辑与实践路径. 外语界 (04), 2-9.

[51] 张红玲,吴诗沁.(2022).外语教育中的跨文化能力教学参考框架研制.外语界(05),2-11.

[52] 张红玲，姚春雨.(2020).建构中国学生跨文化能力发展一体化模型.外语界(04),35-44+53.

作者单位：华中科技大学外国语学院，湖北武汉 430070

A Study of Emotion Regulation Strategies and Influencing Factors of German Teachers in Secondary Schools

中学德语教师情感调节策略与影响因素研究

李媛 滑郁文

提要：情感调节应被视为教师的核心能力之一，教师主动进行有效的情感调节对师生间的积极互动与教学效果至关重要。随着 2018 年《高中德语课程标准》颁布，作为一个新兴的小众教师群体，中学德语教师也逐渐得到关注。本文依托情感调节模型与生态系统理论，以情感日志与半结构化访谈为主要数据来源，探讨了中学德语教师在教学实践中情感调节的策略及其影响因素。研究发现，中学德语教师运用真实表现与表层扮演策略居多，他们在真实表现消极情感层面上的策略存在差异；他们的情感调节受到社会文化、家庭生活、师生关系等多重因素影响。据此，我们构建了中学德语教师情感调节生态系统模型。该研究不仅有助于我们深入了解中学德语教师的情感调节，丰富外语教师情感调节的学科差异性，也为教师职业发展政策优化提供了启示。

关键词：情感调节；情感调节策略；德语教师；生态系统理论

Abstract: Emotion regulation should be viewed as a key teacher competence. Teachers' proactive and effective emotion regulation is crucial for positive teacher-student interactions and teaching effectiveness. With the release of the *General Senior High School Curriculum Standards for German* in 2018, German teachers in secondary schools, as a small but emerging teacher group, have received increasing attention. Based on emotion regulation model and ecological systems theory, this study explores the emotion regulation strategies and influencing factors of German teachers in Chinese secondary schools during teaching practice, with data primarily drawn from emotion diaries and semi-structured interviews. We found that German teachers in secondary schools predominantly employ genuinely expressing and surface acting strategies, with differences in how they regulate negative emotions through outpouring. Their emotion regulation is shaped by multiple factors, including social culture, family life, teacher-student relationships and so on. Based on these findings, we propose an ecological system model of emotion regulation for German teachers in Chinese secondary schools. This study deepens the understanding of emotion regulation among German teachers in secondary schools, enriches the exploration of disciplinary differences in foreign language teachers' emotion regulation and offers insights for optimizing teacher professional development policies.

Key words: emotion regulation; emotion regulation strategy; German teacher; ecological systems theory

1. 引言

教学是一种情感劳动实践活动（Hargreaves 2000: 824），教师被视为"有情感的存在"（Zembylas 2005: 71）。但是，长期以来，教师发展领域的研究以认知维度为主，情感维度则因其测量的复杂性等因素被忽视。

近年来，相关研究已经开始了"情感转向"，即从聚焦教师知识、技能与能力等"智能因素"转向同时关注智能与情感（Chen 2016），教师情感应该成为外语教师研究的重要领域之一（李小撒，王文宇 2020）。研究表明，教师的情感与教学质量（Sutton 2004）、教师的幸福感与健康（Taxer & Frenzel 2015）、教师身份建构与专业发展（胡亚琳，王蔷 2014）、教师留任（Haukås 2024）、学生情感与动机（Becker et al. 2015）等息息相关。因此，教师往往会通过情感调节对自己的情感进行一定程度的控制（Taxer & Frenzel 2015），以更好地提升学生学习动机，推进教学实践，减少职业倦怠，提升职业幸福感（Lavy & Eshet 2018；Sutton & Harper 2009）。

情感调节指"个体对产生什么样的情感，情感产生的时间、空间，如何进行情感体验表达施加影响的过程"（Gross 1999: 557）。Yin（2016: 5）将教师情感调节进一步定义为"个体教师如何调节其所感受及要表达的情感"，包括对正向、负向及其他复杂情感的调节。情感调节应被视为教师核心能力之一，教师主动进行有效的情感调节对师生间的积极互动与教学效果至关重要，研究外语教师情感及其调节能力对推动外语教师专业发展具有重要意义。教育部颁布的《中学教师专业标准（试行）》（2012）中明确指出教师应"善于自我调节情绪，保持平和心态"（教育部 2012: 4）。将教师情感调节问题纳入中学教师个人修养与行为标准，显示出教师情感调节能力对促进中学教师专业发展、建设高素质中学教师队伍的重要性。

在全球外语教育发生多语转向的同时，个体多语能力的培养在中国也愈发得到重视，中学非英语语种学科（languages other than English），俗称"小语种"，得到迅速发展。2018 年，德、法、西三语正式被纳入高中课程与高考科目（教育部 2017）。据调查，中学德语学习者人数及开设德语课程的中学数量在 2015 年至 2020 年中都翻了一番①，基础教育阶段德语学科发展欣欣向荣，这对中国中学德语教师数量与能力均提出了更高的要求。

目前，外语教师情感调节的实证研究仍以高校英语教师为主要研究对象（如冯秀娟 2023；古海波，顾佩娅 2019；韩昕 2020 等），尽管有部分研究已将目光转向中小学阶段的外语教师（如施春阳等 2022；朱神海 2020 等），但也均局限于英语教师，对其他外语学科教师的关注不足。部分学者研究表明，中学德语教师作为外语教师中的"朝阳"群体，一方面面临着基础教育阶段德语学科发展带来的希望（Lian et al. 2023），另一方面还经历着由不愉快的教学经历、繁杂的行政工作、黯淡的职业发展前景等因素产生的消极情感（Chen & Lian 2024），但上述研究均只涉及该群体的情感体验及其影响因素，并未涉及情感调节的话题。

鉴于此，本研究聚焦中国中学德语教师，采取质性研究方法，以三维度教师情感调节策略模型（Yin 2016）及生态系统理论（Bronfenbrenner 1979）为框架，探究中国中学德语教师的情感调节策略及其影响因素，以期深入了解中学德语教师的情感调节，为精准提升其情感调节能力及专业发展提供参考，也许还能为其他语种教师提供借鉴。

2. 文献综述与理论基础

2.1 外语教师情感调节实证研究现状

目前，教师情感研究领域的实证研究聚焦外语教师情感体验及其影响因素，而情感调节在外语教师发展领域仍是新兴课题（古海波，顾佩娅 2019）。

外语教师情感调节研究主要关注以下三个方面。一是讨论教学中教师情感调节的作用，该类实证研究尤其关注教师情感调节与教师个人幸福感、工作满意度、自

---

① 世界范围内的德语作为外语发展报告 (2020-06-14) [2024-12-31]. https://www.goethe.de/resources/files/pdf204/bro_deutsch-als-fremdsprache-weltweit.-datenerhebung-2020.pdf.

我效能感、工作倦怠之间的关系，如 Brackett 等人（2010）发现教师情感调节能力与其积极情绪、工作满意度及个人成就感等呈正相关。Lavy & Eshet（2018）也考察了以色列中小学教师情感调节与职业倦怠和工作满意度的密切相关性。

二是探究教师情感调节的目的，即教师为何进行情感调节，如 Taxer & Gross（2018）的研究基于质性访谈数据，发现美国中小学教师的情感调节目的主要分为工具型和享乐型。

三是情感调节策略及其影响因素研究。该类研究既分析了教师的情感调节策略选择，也探讨了影响情感调节策略选择的因素。研究者主要关注处于特定阶段（职前教师、实习教师、特级教师）或特定环境（乡村教师、在线教学）中的教师（朱神海，王雪梅 2019；程安娜 2022；冯秀娟 2023 等）。冯秀娟（2023）以疫情期间的线上教学为背景，基于 Parrott（2001）多层级情感体系，发现了高校教师在线上教学中产生的复杂情感，并基于 Gross 的情感管理模型，为教师提供调节策略建议。同时，部分研究聚焦对特定情感的调节，如古海波和顾佩娅（2019）的个案研究关注了高校英语教师的科研情感调节策略，发现教师更倾向于采取反应调节策略，即适应、采取行动、交流、自身强大和放松等，反映了教师的个人能动性在科研情感调节中的重要作用。

教师情感策略使用的影响因素主要体现在个体、组织与社会文化层面，个体层面包含情感智力（Yin et al. 2013）、个人特质（朱神海 2017）与年龄（周厚余 2016），组织层面包含工作单位文化（朱神海 2017），社会层面包含社会文化（Yin 2016；古海波，顾佩娅 2019）。徐锦芬和杨昱（2023）通过定性与定量相结合的方法，对大学英语教师的情感调节策略使用进行了调查，发现大学英语教师整体使用策略的水平较高，但在应用不同的调节策略上存在性别差异。该研究还发现，不同教龄的教师在课堂情绪调节使用水平上不存在显著差异，但情绪触发情况则随教龄增长而减少。Wang 等人（2023）的研究较为全面地探究了教师的情感调节与环境、个人、教学等七个因素之间的关系，发现了不同性格特质教师在情感调节策略使用方面存在不同。

总体来看，相关研究以高校英语教师为主要研究对象，对在中学任教的教师，特别是其他语种教师关注不足，他们如何调节情感，他们的情感调节受哪些因素影响，这些问题仍有待探究。

2.2 情感调节：概念与模型

如前文所述，Gross（1999）将情感调节定义为"个体对产生什么样的情感，情感产生的时间、空间，如何进行情感体验表达施加影响的过程"。他将情感调节分为两大类，一类是在情感反应激活之前进行的先行关注调节，如情景选择、情景修正、注意力转移与认知改变等；另一类是在情感反应激活之后进行的反应关注调节，如抑制、伪装、掩饰等（图1）。

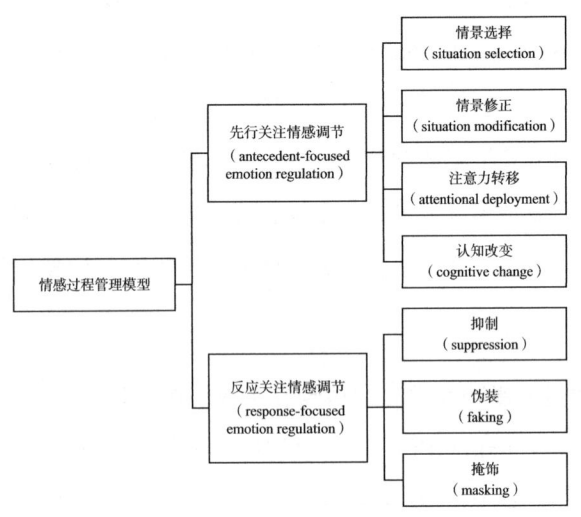

图 1 情感过程管理模型（Gross 1998）

Yin（2016）则根据中国香港教师课堂教学情境对该模型进行了调整与细化，其中，表层扮演对应"反应关注情感调节"，深层扮演则对应"先行关注情感调节"。同时，增加了真实表现维度，形成了三维教师情感调节模型（图2）。他认为，教师真实表现其情感也属于情感调节的策略之一，这一维度包含释放积极情感与宣泄消极情感两种子策略。本研究将基于该模型，对中学德语教师情感调节策略进行探究。

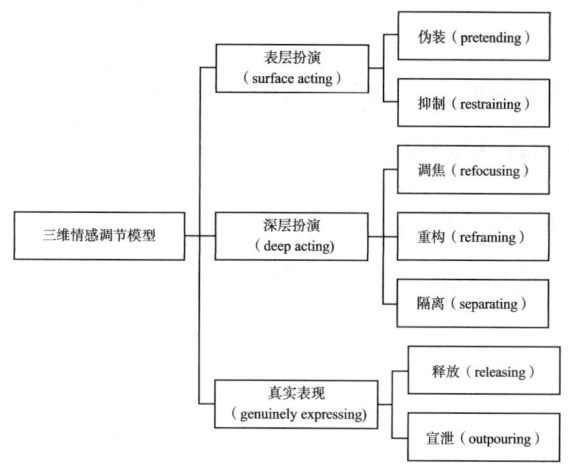

图 2 三维情感调节模型（Yin 2016）

2.3 生态系统理论

情感调节具有复杂性与丰富性，受个人（如性格、动机）、环境（如教学环境、工作环境）等多重因素影响（Wang et al. 2023），这些因素共同塑造了教师的情感调节策略。

Schutz（2014）主张在教师情感研究中采用 Bronfenbrenner（1979）的生态环境模型，把教师所处的环境看作一个生态系统，包含微观系统（microsystem）、中观系统（mesosystem）、外观系统（exosystem）、宏观系统（macrosystem）与时间系统（chronosystem）。具体而言，微观系统是个体可以直接体验的活动、角色的系统层次，如教师与学生的关系；中观系统是由两个或多个发展中个体积极参与其中的情境之间的相互联系组成，如家庭与学校的互动；外观系统是个体并未直接参与，但对个体产生影响的情境；宏观系统是社会文化环境；时间系统则指时间因素对个体经历带来的影响（古海波 2016）。

生态系统理论视角打破了单一因素思维的桎梏，整合了教师个人与环境因素，认为个人与生态环境的交互是教师情感产生的内在机理。该理论展现出教师情感与情感调节的生态性与动态性，能较好揭示出教师的情感调节在个人与生态环境互动下的形成过程。本研究将基于生态系统理论，界定并分析塑造中学德语教师情感调节策略的多方面因素。

3. 研究设计

本研究将采用质性研究方法，基于三维情感调节策略模型（Yin 2016）与生态系统理论（Bronfenbrenner 1979），探究以下两个研究问题：

1）中国中学德语教师在教学中怎样调节情感？
2）有哪些因素会影响他们的情感调节？

3.1 研究参与者

研究采用质性个案研究方法，通过目的性抽样（Patton 1990），选取了三名工作十余年的熟练型中学德语教师作为研究参与者，她们均为女性。一方面，我国中学德语教师大部分为女性教师（Lian et al. 2023）；另一方面，女性教师可能面临更多职业晋升挑战与家庭负担（Kang et al. 2022），因此选取女性教师作为研究参与者，探究其情感调节策略及影响因素具有现实性与必要性。此外，我们还考虑了教师的工作地域、教育背景等因素对情感调节的可能性影响。研究参与者学历包括本科和硕士，她们分别在西南、东南和西北地区的公立中学任职，其个人信息经匿名化处理，汇总于表1。

表 1 研究参与者个人信息

教师	年龄	级别	教育背景	工作地域	教龄
T1	35	一级教师	德语语言文学学士	云南	13 年
T2	36	一级教师	德语语言文学硕士（985 高校）	上海	10 年
T3	35	一级教师	德语语言文学本科（985 高校）	甘肃	12 年

3.2 数据收集

本研究的数据收集从 2023 年 10 月初开始，到 2024 年 9 月底结束，历时一年，主要数据来源为半结构化访谈与参与者的情感日志。研究参与者每周撰写情感日志，主要描述教学过程中的情感事件，供本研究用以追踪教师的情感状态以及调节策略。半结构访谈以 Yin（2016）研究中所使用的问卷为问题框架，主要由三部分构成：第一部分请参与者简要回顾其教学生活经历，如教育背景、工作经历等；第二部分着眼于参与者对情感调节的看法、态度；第三部分请其描述已有的情感调节经历，并对个人情感调节能力进行自评。访谈于 2023 年 10 月进行，每人一次，持续 30 至 60 分钟。访谈前，研究者向参与者说明了研究的内容与目的。此外，我们还收集了与研究参与者在社交平台的聊天记录、研究参与者发布的动态等其他数据，以较为全面地探究教师情感调节问题。

3.3 数据分析

征得受试者同意后，我们将访谈数据转录成文本，并使用标注工具 NVivo14 对 73 份情感日志及 3 份访谈数据进行主题编码（Miles & Huberman 1994）。编码工作分三轮进行。首先，开放式编码，寻找与研究问题有关的本土表达。两名研究者以开放的心态，反复阅读数据，逐步将受试者的本土表述提炼为初始编码。随后，我们在初始编码的基础上，通过数据的交叉和互动分析，识别不同编码间的逻辑联系，删除冗余编码，将初始编码提炼为二级编码。最后，我们聚焦研究问题，对二级编码进一步概念化，总结出中国德语教师情感调节策略及其影响因素。每轮编码结束后，两名研究者对编码进行比较，如有分歧，则通过讨论达成一致，编码示例见表 2。

表 2 本研究编码示例

三级编码	二级编码	一级编码	典型引语
情感调节策略	表层扮演	抑制	"我努力压制着自己的不满"（T1-情感日志 5[①]）
	深层扮演	隔离	"我会停止一会儿教学，先平复一下自己的心情"（T3-采访）
影响因素	微观系统	学生因素	"比如内敛的学生应多多鼓励"（T2-采访）

[①] 指教师 T1 的第 5 篇情感日志。

4. 研究发现与讨论

4.1 情感调节策略

研究发现，三位教师在教学环境中使用的情感调节策略均涉及表层扮演、深层扮演与真实表现三个维度。部分情况下，教师会同时使用多种调节策略以实现情感调节的效果，真实表现是使用最多的策略，在49次中有20次；其次是表层扮演策略，在49次中使用了19次。而深层扮演总体使用较少，仅10次，其中"重构"这一子策略使用最多，占深层扮演总次数的60%，这与已有的针对高校及中学教师英语教师的研究结论有所不同，如高中英语实习教师使用最多的情感调节策略是深层行为（朱神海 2020），高校英语教师主要使用反映关注调节策略（即表层扮演）（韩昕 2020；古海波，顾佩娅 2019）。

4.1.1 真实表现：释放与宣泄

真实表现指教师在教学过程中真实地表达自己的情感（Yin 2016: 14），包括释放与宣泄两种子策略，分别真实表现积极情感与消极情感。研究参与者普遍认为，释放积极情感能够促进更顺畅的师生沟通，营造良好的师生氛围，建立更友好的互动型课堂环境。

"我觉得积极正向的情感，比如你很开心，就可以尽情地表达"——在T2看来，向学生真实表达积极情感，可以调动课堂气氛，拉近师生距离，强化学生学习动机，甚至能为教学质量加分，是一种"很正常的情感表达"（T2-采访）。

与此同时，宣泄消极情感也常常发生在教学情境中，尤其是愤怒与失望，但教师们应用该策略的方式与看法不一。在采访中，T2将负面情感的宣泄形容为"非常不成熟"的表现，认为这不仅会对自己造成额外的心理负担，还会破坏和谐的师生关系。在任职初期，T2面对学生不尽人意的听写表现时，通过言语直接表达了愤怒的情感。作为班主任的她发现学生纪律与卫生情况较差时，面对"欢腾吵闹"的学生，她感到愤怒与失望，"讲着讲着就哭了"的情感迸发瞬间发生了好几次。回忆这些经历时，她反思道："我的性格比较直接，有的时候会绷不住，这对学生也造成了一定的压力"（T2- 采访）。宣泄愤怒情绪也是 T1 提到最多的情感调节经历。因为学生的"一点小错误"或是教学压力，她会处于"比较急躁的状态"，容易生气上火，有时候"整节课都是气呼呼地上完"（T1- 情感日志 5）。

T3 则对真实抒发消极情感有不同的方式与看法。"我会坦诚地告知学生我自己的内心与感受，他们有一定的辨别是非的能力，一方面他们能够认识到错误，会想着去改变自己做的不对的地方；另一方面，这也有利于我提出或我们共同商量一些措施去改进现状（T3- 采访）。"同样是真实表达愤怒，T3 的方式则更为缓和，她将真实表现消极情感（如焦虑、不满和愤怒）视为一种与学生沟通的方式。

4.1.2 表层扮演：抑制与伪装

抑制策略是指教师在意识到个人情感与职业要求的规则不一致时，通过压抑感受到的情感强度来控制自己的行为；伪装是指教师假装扮演出并未感受到的情感（Yin 2016: 11-12）。研究参与者在访谈中普遍讲述了自己在教学过程中克制过激情感的事件，尤其是对愤怒、失望等负面情感的抑制。T1 在面对未完成口语任务的学生时，会努力"压制"自己的不满，避免给学生造成更大的压力，维护学生的自尊心。

而且，抑制策略常与伪装策略并用，即抑制消极情感，伪装积极情感。T2 认为，"有问题时应解决问题，而非单纯宣泄情感"（T2- 采访），因此，她会在失望时，选择抑制自己的情绪，伪装出"平静的心态"，与学生创造一定的"界限感"，在彼此尊重的情况下与学生沟通。

抑制策略不仅发生在教学情境下，还发生在教师与家长、同事间的沟通中。在与学生和同事沟通之外，还要较为频繁地与家长互动，这是中学教师不同于高校教师之处。T3（情感日志 10）记叙了如下经历：一位家长不仅对自己孩子的学习情况一无所知，而且并不清楚 T3 的德语教师身份，甚至直接问出了"你是德语老师还是英语老师？"这一问题。尽管 T3 在当下有些失望与伤心，但考虑到家长对学生可能较为粗暴的管教方式，她抑制住自己相对消极的情绪，并采取伪装的策略，强调了学生在学习态度及学习成果方面的积极转变，希望家长对学生给予鼓励和认可。

4.1.3 深层扮演：以重构为主

深层扮演中的调焦指转移注意力；隔离是指建立工作与生活的界限，避免不良情感的影响；重构指教师通过对消极事件的积极评估，从而避免负面情感（Yin 2016: 12–13）。我们发现，在此维度上，研究参与者采用最多的策略是重构，主要体现为对情感发生情境的反思与修正，该策略体现了教师的主观能动性，往往能带来较好的调节效果。例如 T3 因学生单词测试结果不理想而感到焦虑后，她表示：

"我其实可以很轻易地批评学生一顿，但思考之后，我认为造成这样的结果也有我的一份责任，学生很容易偷懒而不重视单词学习，而我没有设置一个规律的单词检查机制，从而让懒惰影响了学习，于是我当即要求每日作业增加听写单词的部分，希望通过每天的一小步能让单词积累进步一大步。"（T3– 情感日志 3）

在这次经历中，T3 并没有简单地宣泄愤怒与焦虑，也没有抑制她的消极情感，而是使用重构策略，分析了造成测试成绩不理想的多方面原因，积极主动地改变了让她产生负面情感的情境。此外，在面对生源差异带来的教学压力时，她也深入地分析了学生情况，将不同的知识点分类与归纳，使得讲课更轻松，学生学习更有效。

总而言之，本研究参与教师的情感调节策略具有多样性，涉及情感调节策略的不同维度的子策略，这与 Yin（2016）、古海波，顾佩娅（2019）等关于中国中小学或高校英语教师情感调节策略的研究发现一致。我们的研究还进一步发现，对负面情感的真实表达涵盖不同的方式，既有宣泄，也有坦诚地表达情感、指出问题并进行沟通（如 4.1.1 中的 T3）的策略。前者是被动的、无意识的，主要目的在于宣泄情感，后者则是教师个人对于情感积极主动地表达，主要目的是改变情境。

4.2 影响因素

根据生态系统理论，受试教师的情感调节策略受多因素影响（见图 3）。本研究发现：微观系统中教师个人的信念、性格、身份认同、主观能动性以及学生群体的特点是影响德语教师情感调节策略的主要因素。此外，中观系统中的家庭因素、外观系统中的政策压力以及宏观系统中的社会文化与道德期待也在一定程度上塑造了德语教师的情感调节策略，这与现有研究结果相呼应。而且，我们还发现了中学德语教师情感调节面临的特殊情境。此外，尽管有学者发现教师的情感调节水平并未随教龄增加而提高（如徐锦芬，杨昱 2023），但本研究从时间系统上看，教龄的增加与经验的积累推动了德语教师的个性与信念的演变，从而促进了其情感调节策略的发展。

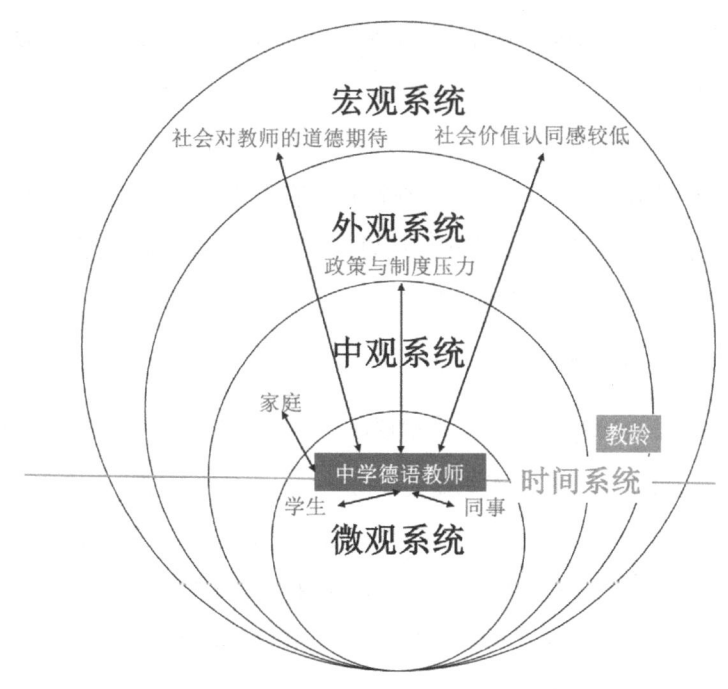

图 3 德语教师情感调节策略生态系统图

注：1) 双箭头表示各因素与中学德语教师情感调节的相互影响；
2) 时间系统既独立于生态系统的其他部分，又对系统其他部分的因素产生影响。

微观系统而言，德语教师本人的性格特质以及自我对教师身份的建构一定程度上塑造了其情感调节策略（Wang et al. 2023）。T2 认为，由于她本人性格的感性与韧性，在从教的最初几年，她的情感调节能力较差，这体现在与学生的相处中。即使在课后，她在与学生的交往上也会投入太多的情感，与学生的情感联系过于紧密，没有很好地区分教学工作与生活，加重了自身的情感负担和学生的压力。此外，她对教师身份的理解也随教龄增长有所发展，从新手时期的"知心大姐姐"逐渐发展为熟手时期的"知识传授者"（T2-采访），她认为毫无保留地真实表达情感是不够成熟的行为，因此情感调节策略也由以真实表达为主转向表层扮演与深层扮演相结合主导，这也体现了情感调节在时间系统上的动态发展。

我们还发现，德语教师个人的主观能动性也对其情感调节产生积极的影响，这呼应了古海波（2016）对高校教师科研情感调节的研究。通过发挥主动能动性，教师不是环境的被动接受者，而能够对刺激情感产生的情境做出调整与改变。例如T3在教学中产生愤怒、焦虑等情感时，既会采取"停止一会儿教学"（T3-采访）的隔离策略，也会积极思考解决方法，以达成情感调节的目的。T2在捕捉到班级后进生脸上的失望表情时，她积极地在日志中反思："当老师是该有教无类，尽全力成全每个想要学习的孩子？还是应该根据学生的学习能力来给他建议是否适合继续学下去？"（T2-情感日志3）

此外，教学情境中学生的年龄、性格特点也会对教师的情感调节策略产生影响。正如T2所言，她的消极情感调节策略会根据学生的性格特点进行调整："面对积极乐观的学生，我会更倾向于表达我的真实情感，他们也能够理解我；如果是比较内向和内敛的学生，我可能会更倾向于伪装，多多鼓励他们。"（T2-采访）类似地，T3也表示教师的情感调节策略需要结合所教授学生的学段来调整，中小学教师应尽力避免向学生传递焦虑与偏心。

德语教师的家庭生活与教学工作的联系是中观系统中的因素之一。在采访中，T2曾反复提及生育子女与家庭责任对教学工作中情感调节的显著影响。她成为母亲后换位思考的能力提升了，更多站在学生的角度思考问题，积极对情境进行重构，因此，她"生气的门槛"（T2-采访）也变高了。

外观系统下，政策与制度压力也对教师的工作条件、情感状态与调节策略产生间接影响。

"不同于学生心理健康水平的受关注程度，似乎没什么人在乎老师的情况，老师既要面对双减的作业限时压力，还要面对成绩、升学压力，常常还有被莫名投诉

的风险，师德一票否决制等。但关于如何维持教师的正常教学范围内的权益，似乎没太多的规定。"（T3-采访）

T3 在采访中向我们透露了她在教师情感支持政策缺失面前的无力感。她强调了"双减政策的作业限时压力""成绩、升学压力"和"师德一票否决制"带给她的焦虑与不安，这些也一定程度上削弱了她的教学动力与情感调节的积极性。

宏观系统而言，受儒家文化影响，社会上对教师角色普遍的道德期待一定程度上塑造了中国德语教师的情感表达，如需要在工作中表现出对学生的耐心与情感支持，这与多项研究发现一致（Yin 2016；古海波，顾佩娅 2019；韩昕，古海波 2023）。T1 表示："社会上对教师仍存在许多误解，经常把教师架在道德制高点上，我们常常因此活成了一个符号。"（T1-采访）而且，社会对教师心理健康仍缺乏足够的关注。

此外，在宏观系统这里，不可否认的是，由于德语学习者群体相对较小，德语学科在中学教育领域中历史不长且处于边缘地位，中学德语教师所感受到的社会价值认可度往往不高，其职业影响力、发展前景相对受限（Chen & Lian 2024），资源支持也较少，这也为德语教师的情感调节增添了部分阻力。

T1 表示，她任教学校的德语教师不多，这也是中国中学德语学科中较为普遍的现象。作为初二年级唯一的德语教师，她曾独自在一间办公室内工作。在遇到情感问题、教学压力、作业问题时，她"总会觉得哪里不对，缺乏和同事的沟通"，这让她时常有出离感与孤独感，"经常感觉是自己一个人在战斗"（T1-情感日志1），压力很大，遇到情感问题也只能自己想办法解决。而现在，她在初一年级任教，和同事在一间热热闹闹的办公室里，能够及时和同事交流、商量，这让她增加了与人交流的机会。此外，德语教师还面临着相对黯淡的职业前景。T1 在与研究者的交流中表示，我们德语是学校的"边缘小学科"，学校管理层总认为"德语班太麻烦就不办了"，让德语教师"焦虑得很"，一边"卖命干活"，一边"担心后续无学生可教"，在情感调节方面，也小心谨慎，更多采取"抑制""伪装"等策略。不过如今，由于德语学生的高考成绩尤为突出，学校管理层终于给了德语学科非常明确的态度——"德语学科面临的各种问题都会积极解决",这也让 T1 备受鼓舞,更加珍惜德语教师的工作。

5. 结语

本研究基于三维度教师情感调节策略模型,从生态系统理论的视角出发,一方面分析了中学德语教师在教学中运用的情感调节策略,另一方面探讨了情感调节的多重影响因素。研究发现,中学德语教师能够使用多种策略对情感进行调节,但大多是自发性的,仍以真实表现与表层扮演为主,深层扮演策略使用较少,这与之前针对高校教师、英语教师情感调节研究的结论有所不同;此外我们还发现,在使用宣泄子策略时,教师的具体表现存在差异。本研究尝试构建了中学德语教师情感调节生态系统图,揭示了影响其情感调节策略的各系统因素。我们强调了教师的能动性在情感调节中的积极作用,还发现了德语教师的边缘性社会地位、较低的社会价值认同带来的情感调节问题,这应该是小语种教师情感调节的特殊情境。

研究发现对外语教师发展研究与实践具有如下启示:1)教师情感调节研究具有重要的实践价值,可以提升教师的职业幸福感;2)外语教师情感调节具有学科差异性,厘清小语种教师情感调节的现实情况,对探索小语种教师职业发展路径,促进其可持续发展有重要意义;3)小语种教师情感复杂多样,应加强政策与实践层面的教师情感支持机制,开展情感调节策略培训,搭建教师伙伴支持网络,提升非英语语种教师的社会认同感。

本研究存在以下两点不足:一是采取了单一的质性研究方法,数据来源相对有限;二是研究参与者数量较少,样本相对单一。未来研究可通过扩大样本规模和多样性,并结合量化与质性研究方法进一步验证并丰富相关发现。

参考文献

[1] Becker E S, Keller M M, Goetz T, Frenzel A C & Taxer J L. Antecedents of teachers' emotions in the classroom: An intraindividual approach [J]. *Frontiers in Psychology*, 2015, (6): 635.

[2] Brackett M A, Palomera R, Mojsa-Kaja J, Reyes M R, & Salovey P. Emotion-regulation ability, burnout, and job satisfaction among British secondary-school teachers [J]. *Psychology in the Schools*, 2010, 47(4): 406-417.

[3] Bronfenbrenner U. Contexts of child rearing: Problems and prospects [J]. *American Psychologist*, 1979, 34(10): 844–850.

[4] Chen F & Lian F. What makes Chinese secondary school German teachers feel bad: a qualitative study of teachers' emotions [A]. In Zhao Jia; Cox Lisa & Zhang Jin (ed.), *The Proceedings of 2023 Youth Academic Forum on Linguistic, Literature, Translation and Culture* [C]. Atlanta: The American Scholars Press, 2024. 16-22.

[5] Chen J. Understanding teacher emotions: The development of a teacher emotion inventory [J]. *Teaching and Teacher Education*, 2016, 55: 68-77.

[6] Gross J J. The emerging field of emotion regulation: An integrative review [J]. *Review of General Psychology*, 1998, 2(3): 271-299.

[7] Gross J J. Emotion and emotion regulation [J]. *Handbook of Personality: Theory and Research*, 1999, 2: 525-552.

[8] Hargreaves A. Mixed emotions: Teachers' perceptions of their interactions with students [J]. *Teaching and Teacher Education*, 2000, 16(8): 811-826.

[9] Haukås Åsta. Understanding the factors supporting language teachers' sustained motivation until retirement [J]. *The Modern Language Journal*, 2024, 108(2): 430-445.

[10] Kang M, Shen Q & Zheng Y. LOTE (Languages Other than English) teachers' emotions and professional identity in response to educational reforms: A social-psychological perspective [J]. *Sustainability*, 2022, 14(17): 10788.

[11] Lavy S & Eshet R. Spiral effects of teachers' emotions and emotion regulation strategies: Evidence from a daily diary study [J]. *Teaching and Teacher Education*, 2018,

73: 151-161.

[12] Lian F, Li Y & Tao J. The emotions of teachers teaching German in Chinese secondary schools [J]. *Porta Linguarum: revista internacional de didáctica de las lenguas extranjeras*, 2023, 8: 151-168.

[13] Miles M B & Huberman A M. Qualitative data analysis: An expanded sourcebook [M]. Thousand Oaks: SAGE Publications, 1994.

[14] Parrott W. Emotions in Social Psychology [M]. Philadelphia: Psychology Press, 2001.

[15] Patton M Q. Qualitative Evaluation and Research Methods, 2nd end [M]. Thousand Oaks: Sage Publications, 1990.

[16] Schutz P A. Inquiry on teachers' emotion [J]. *Educational Psychologist*, 2014, 49(1): 1-12.

[17] Sutton R E. Emotional regulation goals and strategies of teachers [J]. *Social Psychology of Education*, 2004, 7(4): 379-398.

[18] Sutton R E & Harper E. Teachers' emotion regulation [A]. In Saha L J & Dworkin A G(ed.). *International Handbook of Research on Teachers and Teaching* [C]. New York: Springer. 2009. 389-401

[19] Taxer J L & Frenzel A C. Facets of teachers' emotional lives: A quantitative investigation of teachers' genuine, faked, and hidden emotions [J]. *Teaching and Teacher Education*, 2015, 49: 78-88.

[20] Taxer J L & Gross J J. Emotion regulation in teachers: The "why" and "how" [J]. *Teaching and Teacher Education*, 2018, 74: 180-189.

[21] Wang H, Burić I, Chang M L & Gross J J. Teachers' emotion regulation and related environmental, personal, instructional, and well-being factors: A meta-analysis [J]. *Social Psychology of Education*, 2013, 26(6): 1651-1696.

[22] Yin H, Lee J C K & Zhang Z. Exploring the relationship among teachers' emotional intelligence, emotional labor strategies and teaching satisfaction [J]. *Teaching and Teacher Education*, 2013, 35: 137-145.

[23] Yin H. Knife-like mouth and tofu-like heart: Emotion regulation by Chinese teachers in classroom teaching [J]. *Social Psychology of Education*, 2016, 19: 1-22.

[24] Zembylas M. Discursive practices, genealogies, and emotional rules: A poststructuralist view on emotion and identity in teaching [J]. *Teaching and Teacher Education*, 2005, 21(8): 935-948.

[25] 程安娜. 高中英语特级教师情感调节策略的个案研究 [D]. 广西师范大学，2022.

[26] 冯秀娟. 线上教学中大学英语教师的情感调节策略探究 [J]. 语言与文化研究，2023, 27(02): 107-112.

[27] 古海波，顾佩娅. 高校英语教师科研情感调节策略案例研究 [J]. 解放军外国语学院学报，2019, 42(05): 57-65.

[28] 古海波. 高校外语教师科研情感叙事案例研究 [D]. 苏州大学，2016.

[29] 韩昕，古海波. 小学英语教师情感调节策略探究 [J]. 小学教学研究，2023, (25): 8-10.

[30] 韩昕. 高校新手英语教师课堂教学中的情感调节个案研究 [D]. 苏州大学，2020.

[31] 胡亚琳，王蔷. 教师情感研究综述：概念、理论视角与研究主题 [J]. 外语界，2014, (01): 40-48.

[32] 李小撒，王文宇. 教师情感研究三十年：理论视角、研究主题与发展趋势 [J]. 语言教育，2020, 8(04): 19-24+44.

[33] 施春阳，邵光华，高源等. 教师日常情感体验及其调节策略研究 [J]. 全球教育展望，2022, 51(08): 52-70.

[34] 徐锦芬，杨昱. 大学英语教师课堂情绪调节策略使用调查与研究 [J]. 外语教学，2023, 44(01): 54-60.

[35] 中华人民共和国教育部. 普通高中德语课程标准（2017年版）[S]. 人民教育出版社，2018.

[36] 中华人民共和国教育部. 中学教师专业标准（试行）（教师〔2012〕1号）[S]. 2012年9月13日.

[37] 周厚余. 积极心理学视角的特殊教育教师情绪劳动策略研究 [J]. 教师教育研究，

2016, 28(01): 61-66+88.

[38] 朱神海，王雪梅. 职前英语教师在教育实习中的情感与认同研究 [J]. 语言政策与语言教育，2019, (01): 72-83+118.

[39] 朱神海."良心饭"的心境变迁：高师英语专业教师情感劳动研究 [A], 顾佩娅等著，中国高校英语教师专业发展环境研究 [M]. 北京：外语教学与研究出版社，2017.

[40] 朱神海. 高中英语实习教师的情感劳动策略研究 [D]. 上海外国语大学，2020.

作者单位：浙江大学外国语学院，浙江杭州 310058

AI Literacy Framework for Foreign Language Teachers in the Context of "AI + Language Education"

"人工智能 + 语言教育"应用场景下的外语教师人工智能素养框架研究[①]

倪琴[1] 陈靖[2] 宣沫[3] 王菊香[4]

提要: 随着人工智能技术的发展,教师角色的演变与其人工智能素养的培养成为关键议题。本研究聚焦人工智能在语言教育"教—学—管—评"四大核心场景中的应用,构建外语教师人工智能素养框架。该框架包括语言教学人本观、人工智能伦理意识、人工智能知识与技能以及人工智能与语言教学融合四个维度,按照理解、深化、创造三个层次递进。文章对此框架进行阐释,以期为外语教师人工智能素养的培养与发展提供借鉴。

关键词: 外语教师;人工智能素养;语言教育;框架

Abstract: With the development of artificial intelligence (AI), the evolution of teachers' roles and the cultivation of their AI literacy have become the key issues. This study focuses on the application of AI in teaching, learning, management and assessment in language education, and builds an AI literacy framework for foreign language teachers. The framework includes four dimensions: humanistic view of language teaching, AI ethical awareness, AI knowledge and skills, and integration of AI and language teaching, progressing according to three levels: understanding, deepening and creation. This paper explains the framework to provide a reference for the cultivation and development of foreign language teachers' artificial intelligence literacy.

Key words: Foreign Language Teachers; AI Literacy; Language Education; Framework

---

① 本论文得到上海 - 上海外国语大学关键语种人才早期培养项目资助,得到上海市教师教育学院(上海市教育委员会教学研究室)指导;中央高校基本科研业务经费项目(2023TS004);教育部产学研创新基金项目2024ZC004。

一、引言

人工智能（Artificial Intelligence，AI）作为新一轮科技革命和产业变革的重要推动力，已经渗透进人们生活的各个方面。在教育领域，随着大语言模型、智能教学系统和自适应学习平台等人工智能技术的广泛应用，课堂的教学模式正在从传统的"教师—学生"二元关系转变成"教师—学生—AI"的三元关系，同时也对教师的专业素养提出了新的要求。2024年，教育部发布《关于加强中小学人工智能教育的通知》，明确提出要加强AI教育师资队伍建设，将AI教育教师培训纳入计划，提高教师专业化水平。2025年，中共中央、国务院印发《教育强国建设规划纲要（2024–2035年）》，强调人工智能助力教育变革的重要性，要求完善师生数字素养标准，深化人工智能推进教师队伍建设。掌握AI技术的教师可能取代那些不擅长使用AI的教师，因为AI能够为教师赋能，从而显著提升教学管理效率和决策质量(Xu 2021)。由此看来，教师的人工智能素养提升不仅是教育现代化的必然要求，也是教师自身可持续发展的关键所在。

当前，许多外语教师在面对人工智能技术时存在认知不足、应用能力有限、教学整合欠缺等问题。同时，如果教师过度依赖人工智能技术进行教学，可能会导致教师核心能力的退化。大多数外语教师虽然认识到人工智能技术的重要性，但缺乏系统的人工智能素养培训，难以有效地将人工智能技术融入教学实践。因此，构建符合外语教育特点的教师人工智能素养框架，既是提升教师专业发展水平的现实需求，也是推进教育信息化建设的重要举措。鉴于此，本文将在剖析"人工智能+语言教育"应用场景的基础上，深入探讨高校教师人工智能素养的内涵与核心要素，构建适应未来教育需求的外语教师人工智能素养框架，为外语教师专业发展提供理论支持。

二、外语教师人工智能素养的内涵

素养作为一个开放且动态的概念，随着技术和生活方式的变化而不断发展。在信息时代，传统的素养概念逐渐被信息素养（Information Literacy）所补充和扩展。信息素养强调个体对信息的获取、评估和使用能力（余丽等 2009）。随着数字技术的普及，社会对于个体技术应用要求逐渐由信息素养演变为数字素养（Digital Literacy）。数字素养不仅包括对数字工具的应用能力，还强调通过网络正确理解信息价值并合理使用信息的批判性思维能力（贾涵，王雪梅 2024）。在当前人工智能技术飞速发展的学术语境下，学界相继提出"数智素养"（Digital-Intelligence Literacy）与"人工智能素养"（AI Literacy）等能力框架。数智素养本质上是数字素养与人工智能素养的跨维整合体，强调智能技术赋能的认知重构能力（许亚锋等 2020）。作为该体系的核心素养，人工智能素养被定义为个体在日常生活、学习和工作中，接触、理解、评估和有效利用人工智能技术的综合能力（Long 等 2020）。从发展脉络来看，人工智能素养与信息素养、数字素养之间存在继承与创新的辩证关系。它们共同强调了在现代教育环境下应具备的技术应用能力，但人工智能素养更加注重对人工智能技术发展趋势的把握和对其应用价值的思考。

在教育领域，教师人工智能素养是时代教育创新与人才培养的核心要素，为高等教育的智慧化转型和教师专业发展提供了新的方向（张一春等 2023）。教师人工智能素养是指教师在人工智能时代，具备理解、应用和评估人工智能技术，以支持教学创新和学生发展的综合素养。这一素养不仅包括对人工智能技术的基本认知，还强调教师在智能技术支持下实现教学创新和专业发展的能力（薛淑敏等 2024）。有学者进一步指出，教师人工智能素养是信息素养和数字素养的延伸，突出教师作为"人"在教学优化、师生互动、价值引领等方面不可被技术替代的发展特性（王丹 2022）。

在外语教学情境中，教师的人工智能素养展现出其独特性。具体而言，外语教师应具备数智资源赋能外语教育的思维方式、扎实的语言基础、良好的跨文化沟通能力以及广阔的全球视野（王雪梅，周茂杰 2024）。外语教师的人工智能素养是在信息素养和数字素养基础上发展起来的高阶能力，这一能力要求既体现了教育信息化发展的最新趋势，也反映了新时代对外语教师专业发展的新要求。基于上述研究，本研究将外语教师的人工智能素养定义为：教师在外语教学中秉持人本理念，具备人工智能相关知识技能以及伦理意识，能够负责任地应用人工智能技术推动语言教学的能力。

三、教师人工智能素养框架

学界针对教师人工智能素养框架的构建通常涉及三到五个维度。Zhao 等（2022）基于对中小学教师的调查，结合结构方程模型的分析，提出四个教师人工智能素养维度，包括认识和理解人工智能、应用人工智能、评估人工智能应用和人工智能伦理。2024 年 9 月，联合国教科文组织（UNESCO）发布了《教师人工智能能力框架》，该框架从"以人为本"观念、人工智能伦理、人工智能基础与应用、人工智能与教学融合，以及人工智能对教师专业发展的支持五个方面总结了教师在人工智能时代需具备的十五项能力。刘琼等（2024）总结了教师、学生、管理者和教辅工作人员的四个人工智能素养核心要素：AI 思维、AI 知识、AI 应用技能与 AI 态度。李艳等（2025）聚焦于高校教师这一群体，提出高校教师人工智能素养概念框架，包含五项一级指标，分别为智能时代育人理念、智能教育基本知识、人机协同教学能力、数智赋能科研创新和科技向善人本价值。

其他学者们尝试把已有的理论模型迁移到教师人工智能素养框架的构建中。吴茵荷等（2021）借助国家实力三分理论提出智能结构三维模型，并总结了基于智能结构三维模型的未来教师核心素养框架。该框架包括硬素养（数据化、结构化和可重复的教育教学能力）、软素养（基于"关系能力"和创造性的教育教学能力）和巧素养（教育人机协同的价值观、意识、知识能力与反思）三个板块。Kim 等（2021）在 TPACK 框架（Technological, Pedagogical and Content Knowledge Framework）的基础上提出了"面向 K-12 人工智能教育的教师能力框架"，该框架总结了六个以教师为中心的能力，分别是内容教学知识（PK）、教学内容知识（PCK）、内容知识（CK）、技术知识（TK）、技术内容知识（TCK）和技术教学知识（TPK）。

此外，学者们还把教师人工智能素养框架作为教师数智素养框架的一部分进行研究。许亚锋等（2020）提出了教师数智素养概念框架，包括三项一级指标：基本数智知识与技能、高阶数智思维能力、数智信念与伦理。在此基础上，王雪梅，周茂杰（2024）提出了高校外语教师数智素养框架，框架涵盖四个层面：数智信念与伦理意识、数智思维与外语能力、数智知识与技能、数智实践应用。范建丽，张新平（2022）提出了教师数智胜任力模型，由数智意识及观念、数智知识与技能、高阶数智思维能力、数智教学应用能力、相关人格特质 5 个一级指标和 25 个二级指标构成。各模型具体介绍如表 1 所示。

表 1 部分教师人工智能素养模型

模型名称	模型内容	
	一级指标	二级指标
教师数智素养概念框架（许亚锋等 2020）	基本数智知识与技能	认识教师的角色、理解数智融合、使用 AI 增强基于数据的决策
	高阶数智思维能力	发现和提出数智教学问题、解释数据探索和分析结果、批判性地评估机器建议、在人机互动中做出合理决策
	数智信念与伦理	相信数智融合可以改进教学、了解数智伦理规范、正确处理数智伦理问题
基于人机协同教育的未来教师核心素养框架（吴茵荷等 2021）	硬素养	/
	软素养	
	巧素养	
面向 K-12 人工智能教育的教师能力框架（Kim 等 2021）	教学知识（PK）	促进基于项目的学习、将基本概念和原理组织到游戏和娱乐中
	教学内容知识（PCK）	基于 AI 技术及 AI 社会问题意识的课堂管理和问题解决活动构建
	内容知识（CK）	AI 基础（问题解决、推理、学习、识别）、计算机科学（编程、算法）、应用数学（概率、统计、微积分）AI 伦理
	技术知识（TK）	使用信息通信技术工具和教育软件、构建编程环境
	技术内容知识（TCK）	使用基于网络或 API 的在线教育平台进行 AI 项目教育
	技术教学知识（TPK）	提供反馈、鼓励对在开放在线教育平台上共享的 AI 项目成果进行同伴评审

续表

模型名称	模型内容	
	一级指标	二级指标
教师数智胜任力模型（范建丽，张新平 2022）	数智意识及观念	数智融合意识、数智教育理念、数智态度价值观、数智目标追求
	数智知识与技能	数智融合知识、数智基本知识、数智教学知识、数智技术技能、基于AI的数据驱动决策
	高阶数智思维能力	人机协同思维、数据化思维、批判性思维、创造性思维、问题化思维
	数智教学应用能力	数智学习与发展、数智教学环境创设、数智教学资源开发、数智教学实施、数智教学评估、数智沟通与协作、数智育人与赋能
	相关人格特质	积极、自信、合作、责任、道德
教师AI素养框架（Zhao等2022）	认识和理解人工智能	/
	应用人工智能	
	评估人工智能应用	
	人工智能伦理	
多角色AI素养框架（刘琼等2024）	AI思维	创新思维、数据思维、系统思维、批判性思维
	AI知识	基础知识、跨学科知识、前沿技术
	AI应用技能	AI产品应用能力、数据技术、教学技术、终身学习能力
	AI态度	伦理道德、合作精神、隐私保护、适应性、风险评估
面向人机协同的教师数智素养的测评框架（冯剑峰等2024）	基本数智知识与技能	对人机角色的认识、对数智融合的理解、基于人工智能的数据获取和处理能力
	高阶数智思维能力	发现和提出数智教学问题的思维能力、解释数据探索和分析结果的思维能力、批判性评估人工智能建议的思维能力、在人机互动中实现合理决策的思维能力
	数智信念与伦理	对数智融合的信念、对数智伦理规范的认识、对数智伦理问题的态度

续表

模型名称	模型内容	
	一级指标	二级指标
高校外语教师数智素养框架（王雪梅，周茂杰 2024）	数智信念与伦理意识	/
	数智思维与外语能力	
	数智知识与技能	
	数智实践应用	
教师人工智能能力框架（UNESCO 2024）	"以人为本"观念	人类能动性、人类责任、社会责任
	人工智能伦理	伦理原则、安全和负责任的使用、共同制定伦理规则
	人工智能基础与应用	基本AI技术和应用、应用技能、用AI创造
	人工智能与教学融合	AI辅助教学、AI与教育学融合、AI增强的教学变革
	人工智能对教师专业发展	AI支持终身职业学习、AI增强组织学习、AI支持专业转型
高校教师人工智能素养概念框架（李艳等 2025）	智能时代育人理念	立德树人是根本、创新思维是目标、因材施教是关键、理实结合是路径、技术赋能是保障
	智能教育基本知识	智能技术基本原理、智能教育理论基础、智能教学工具/平台、智能教学与评价方法、智能教育管理知识
	人机协同教学能力	确定合理的学习目标、选择合宜的教学方法、设计智能化教学环境、设计学习者学习体验、设计多元化学习评价
	数智赋能科研创新	创新科研知识的获取、创新研究问题的选择、创新研究方法的使用、创新研究过程的开展、创新研究结果的呈现与使用
	科技向善人本价值	数据安全与隐私保护的意识、算法偏差与模型幻觉的警惕、科技向善和以人为本的对齐、目的及以人为本的基本原则、人机共生共融和全民普及理念、人类累积知识普惠共享的追求

尽管已有的框架为教师人工智能素养的构建提供了丰富的理论基础，但这些框架大多基于通用教育场景，未能充分考虑外语教学的独特需求。此外，现有的外语教师数智素养框架虽然强调了数智思维与外语能力的结合，但未从具体人工智能在外语教学中的应用场景出发，构建层级递进的外语教师人工智能素养框架。根据来自不同专业领域的个人的特定需求和知识水平量身定制专业发展，可以提高 AI 教育计划的有效性，更好地为教师将 AI 概念融入教学实践做好准备（Younis 2024）。因此，构建科学合理的外语教师人工智能素养框架，开发针对性的培训课程体系，已成为当前教育技术研究和教师专业发展的重要课题。

四、人工智能技术在外语教育中的应用场景

人工智能技术正重塑外语教师的工作范式，实现教育生产力的革新。完整的教学活动包括教、学、管、评四个方面。人工智能技术在这些应用场景的应用为传统的外语教育生态开拓了新路径，推动外语教学向更加个性化、智能化和高效化的方向发展。

1. "教"：智能赋能，精准教学

"教"是指教师的教学活动，是教育过程的起点。教师通过设计和实施教学计划、选择合适的教学方法和教学资源，向学生传授知识和技能。在备课过程中，教师需要依据教学内容，寻找与教授内容相关的材料，以丰富教学内容，吸引学生的兴趣。此外，教学材料难度的把控也在外语教学中极为重要。语言学家 Krashen（1985）提出的语言输入假说中指出，只有当学习者接触到略高于其现有水平的语言材料时，才能对其语言习得产生积极影响。这表明，可理解的语言输入（Comprehensible Input）在教学过程中对于学习者来说是至关重要的。教师作为知识的传授者，有责任在不同的教学阶段准备相应难度的教学材料，以确保学生能够接受尽可能多的有效输入。然而，寻找符合需求的教学资源和材料往往会耗费教师大量的时间和精力。随着人工智能技术的发展，生成式人工智能工具能够根据教师提供的关键词、主题或框架，快速生成包括文本、图片、音频和视频在内的多种教学资源。教师可以输

入一个特定的语法点或词汇主题，生成式人工智能能够生成相关的对话示例、阅读材料以及配套的音频和视频资源。例如，在英语教学中，教师设定"日常购物"主题，智能系统可生成包含目标词汇与句型的情境对话、购物场景图片、真实商场录音等教学素材，提高教师的备课效率。

此外，外语教师可以在教学设计中利用人工智能进行深层次教学设计。AI 系统能够分析文本语言特征，追踪叙事线索，挖掘情感变化。在文学作品教学中，人工智能可以分析课文文本中人物情感的波动以及追踪潜在的叙事线索，帮助学生深入理解作者如何将不同层次的描写融入情节的发展之中（孔蕾 2024）。在外语课程思政教学中，Hololens 系统和 5G 技术能构建出多模态场景，激发学生的"情境心流"，促进学生在课堂上的互动，塑造出个性化的思想认知体系，降低情感学习门槛（周丽敏等 2024）。在跨文化课程教学中，AI 技术可以在文化理解层面帮助学生开展跨文化比较，并在文化讲述层面协助优化表达内容和讲述策略，提升文化传播的精准性和有效性（孔蕾，杨鑫蕊 2025）。

2. "学"：个性路径，高效学习

"学"指的是学生的学习活动，是教育过程的核心。传统语言学习模式往往依托于标准化的课程体系与统一的教学方法，此类模式在一定程度上缺乏个性化，难以契合不同学生的学习需求与能力水平（Jürgen Rudolph 等 2023）。人工智能的出现使学生能够获得个性化的反馈，提高了二语教学的效率和有效性。

在外语教学实践中，语言环境的缺失一直是制约学习者能力发展的主要瓶颈。尽管部分学校积极举办"英语角"等语言实践活动来弥补这一不足，但学生在课堂之外使用外语进行真实交流的机会仍然有限。这种语言实践的不足往往导致学生在语言运用能力上的欠缺，尤其是在口语表达和实际交流方面。人工智能技术的出现为这一问题提供了创新性的解决方案。当前，以豆包、ChatGPT 为代表的人工智能工具，通过构建人机交互式学习环境，为学习者提供了全新的语言实践平台。这些 AI 工具通过自适应反馈机制，能够针对学习者的个人优势和不足提供个性化的帮助（Halkiopoulos 等 2024）。例如，AI 系统可以根据学生在对话中的表现，实时提供语法纠错、词汇建议和发音指导，帮助学生逐步提升语言能力。此外，外语学习者在与聊天机器人交流时，由于聊天机器人并非真实人类，学习者不会因交流中出现错误而感到羞愧或焦虑（张震宇，洪化清 2023）。这种无压力的学习环境有助于学生保持交流信心和学习动力，从而更积极地参与语言学习。

在阅读理解能力培养方面，人工智能同样展现出显著优势。人工智能在英语、越南语、汉语等多种语言的文本理解任务中均表现出优异的性能（Zhang 等 2023）。AI 工具能够深入分析文本的语义结构和逻辑关系，提供关键信息的提取、总结和重组。对于长篇文章或专业性较强的学术文本，AI 不仅可以帮助学习者突破语言障碍，还能在信息处理和知识整合方面提供智能支持。

在写作能力培养方面，人工智能能够根据学生的需求，对作文进行错误纠正、语言优化、文本分析和语体定制（冯庆华，张开翼 2024）。在语言层面，AI 写作辅助工具可以分析学生的作文，指出语法错误、拼写错误，并提供改进建议。在内容层面，通过分析文本的句法结构和语义层次，AI 能够即时提供有针对性的反馈，帮助学生优化表达、提高写作的逻辑性与流畅度。这种即时反馈机制不仅可以帮助学生纠正基础的语言错误，还能在更高层次上促进他们对语言使用的敏感性和创造性思维的提升。

3. "管"：智慧管理，优化效能

"管"是指教学管理，涉及教学活动的组织、协调、监督和调控，确保教学目标的实现和教学质量的提升，是连接教学、学习、评价各环节的桥梁。有效教学管理可以促进教学资源的合理配置，维护教学秩序，推动教学改革，从而实现教学活动的高效化、科学化和精准化。

人工智能技术能够用于学生信息管理。在学生学业成绩管理方面，华中科技大学构建了智能化的学业预警与协同帮扶机制，利用课程成绩的历史大数据，利用 AI 技术来预测学生的学习风险和进行分级预警，并在此基础上提供及时有效的协同帮扶措施。此系统依托于精确的数据分析，实施个性化的干预策略，确保学生能够得到具有针对性的学业支持（刘琼等 2024）。此外，通过建立校园数据中台，利用人

工智能和数据库技术，可以实现学生基本信息、语言成绩、出勤、健康档案等数据的集中管理与即时更新。这种智能化的学生信息管理不仅方便家长和教师实时查看学生情况，还能自动提醒重要事项，实现对学生学习的及时监督。

在教务管理方面，人工智能技术的应用显著提升了管理效率和质量。首先，系统能够实现课程安排的智能优化，确保教学资源的合理配置。其次，教师事务的自动处理功能减轻了行政负担，提高了工作效率。例如，北京外国语大学的教师大数据建设行动整合了三大核心平台：教师教学大数据平台、教师管理大数据平台和教师评价大数据平台。该行动通过系统采集教师在教学、科研及管理等方面的数据，对教师大数据进行深度挖掘与分析，构建教师数字画像，从而优化教师管理体系，提升教师服务质量，并为学校决策提供有力支持（孙有中，唐锦兰 2022）。

在教学环境管理方面，智慧教室解决方案通过整合多种先进技术，为教学活动提供了创新的互动空间。这些解决方案基于 AI、云计算、大数据、5G 和物联网等技术，能够满足不同教学场景的需求。例如，常态化录播教室、互动研讨型教室和阶梯录播教室等多种场景均可通过智慧教室解决方案实现教学方式的创新。这些技术不仅提供了丰富的教学工具，还通过智能化的互动空间提升了教学体验。智慧教室的建设和应用，使得教学活动更加人性化和智能化，进一步推动了教育技术的现代化发展。

4."评"：智能评估，精准反馈

"评"指的是对教学过程和学习成果的全面评估，是教育过程的反馈环节。在评估方式上，计算机自适应测试（Computerized Adaptive Testing）技术能够根据考生答题表现动态调整试题难度，精准测量考生真实水平。在命题环节，人工智能系统可以基于大规模题库和知识点网络，自动生成符合教学目标的试题，并确保试题的难度梯度合理、知识点覆盖全面。同时，语言教师可以根据自身需求，通过人工智能自动生成试题（Lin 等 2024）。在评分环节，人工智能可以帮助教师进行作文、翻译和简答题等主观题的批改。同时，智能评估系统通过大数据分析，可以对考试结果进行深度挖掘，对学生知识点掌握情况进行综合分析。在学情分析方面，AI 系统能够对学习数据进行深度挖掘和分析，生成详实的诊断报告。这些报告不仅能展示学生的学习表现，还能追踪学习进程，识别知识盲点，预测学习风险。基于这些分析结果，系统可以为教师提供精准的教学建议，包括教学节奏调整、互动策略优化和个性化辅导方案等。

评估不仅包括对学生学习成果的评价，也包括对教师教学课堂的评价。在课堂教学评估方面，智能教学评估系统实现了教学过程的全方位监测。AI 可以通过收集和分析学生的物理、环境和行为数据，帮助教师预测学生的学习趋势，动态调整教学策略（Kumar 等 2022）系统能够通过多模态数据采集技术，实时收集学生的面部表情、语音特征、操作行为等多维度数据（邓伟等 2023）。例如，北京师范大学在 AI 课堂教学智能评测系统的创新实践中，采用了智慧教室的概念，为教室配备了高级服务器、智能摄像头、智能音响和智能投屏等设备，能够实时监控教室内的教学情况，并提供个性化的教学服务。这种创新的"AI+"课堂教学智能评测系统能够实时监测和分析教师教学行为、学生学习行为、教学内容与课堂组织形式，对教师教态风格、学生专注度和教学知识点等多维度指标进行量化评估和可视化展示（刘琼等 2024）。基于实时分析结果，系统能够为教师提供精准的教学建议，如调整讲解节奏、增加互动环节、改变教学方式等，提升课堂教学的有效性。

五、外语教师人工智能素养框架构建

"人工智能 + 语言教育"的应用场景对外语教师提出了新的能力要求：（1）坚持以学生为中心的教学理念；（2）具备敏锐的伦理意识；（3）需要掌握 AI 的基本知识与应用原理；（4）具备 AI 与教学融合的创新思维和教学设计能力。基于这一现实需求，本研究在《教师人工智能能力框架》（UNESCO 2024）和其他已有教师人工智能素养框架的基础上，结合外语学科特性与教学实践需求，构建了面向外语教师的人工智能素养框架。具体而言，该框架从语言教学人本观、人工智能伦理意识、人工智能知识与技能以及人工智能与语言教学融合四个维度出发，按照理解、深化、创造三个层次递进，形成一个循序渐进的能力提升体系，详见表 2。

表 2 外语教师人工智能素养框架

维度	理解	深化	创造
语言教学人本观	学习者主体意识	个性化学习引导	跨文化交际能力培养
人工智能伦理意识	AI 工具使用伦理	安全与负责任地使用 AI	共同制定语言教学中的伦理规则
人工智能知识与技能	AI 技术基础知识	掌握基本 AI 技术的应用	应用 AI 工具进行教学资源的创建和评估
人工智能与语言教学融合	语言知识及教学法知识	AI 技术辅助语言教学	AI 支持教师创新语言教学实践和研究

1. 语言教学人本观

语言教学人本观维度强调教师应始终坚持"以人为本"的教学理念，在教学中平衡技术与传统方法，确保教学的有效性和人文性。教师不能完全依赖技术，而是要继续发挥自身在师生互动、情感支持和价值观引导方面的独特作用。在理解阶段，教师应理解并支持学生在语言学习中的自主性，认识到学生在语言学习过程中的主体地位，确保 AI 的使用不会削弱学生的自主性。在深化阶段，教师能够运用人工智能技术为学生提供个性化学习指导，关注学习者的个体差异。要想学生高效地利用 ChatGPT 作为语言学习的辅助工具，需要对他们提供额外的支持与指导（Slamet 2024）。教师可以通过引导和启发，帮助学生自主探索语言知识，培养他们的自主学习能力，引导学生从被动的知识接受者转变为积极的知识构建者、沟通者和思考者（Chang 等 2024）。在创造阶段，教师能够利用人工智能工具培养学生的跨文化交际能力，创设多元文化情境。在应用人工智能的过程中，教师可以对教学目标进行调整，适当增加思辨训练的比重，同时更加注重文化、历史等人文知识以及跨学科知识的探讨与学习，以此来优化外语课程的教学目标设置，使技能训练与人文素质教育达到更好的平衡（张震宇，洪化清 2023）。

2. 人工智能伦理意识

人工智能伦理意识维度关注 AI 技术在教育应用中可能带来的问题，如算法偏见、数据隐私和公平性等，并在教学中引导学生正确认识 AI 技术的优势和局限性，培养其负责任地使用技术的意识。在理解阶段，教师需要了解人工智能工具使用的基本伦理规范，理解数据收集与使用的边界和识别算法可能存在的偏见，确保 AI 工具的使用符合教育规范。在深化阶段，教师需要内化 AI 伦理并安全、负责任地使用人工智能技术开展教学活动，避免数据隐私和伦理问题。教师需要明确向学生说明人工智能工具的使用规范，包括合理引用、避免抄袭、保护个人信息等，并采取措施来规避这些问题。同时，教师应帮助学生认识到人工智能系统的局限性，培养学生批判性思维能力，使其能够理性看待并负责任地使用这些工具。在创造阶段，教师能够与学生和其他教育者促进人工智能安全对话，共同探讨并制定语言教学中的人工智能伦理规则。这些规则需要平衡技术创新与伦理约束，确保公平性与包容性，同时保持足够的灵活性以适应技术发展。教师可以通过建立伦理委员会、开展专题研讨等方式，推动语言教学中人工智能伦理规范的形成与完善。

3. 人工智能知识与技能

人工智能知识与技能维度关注教师对人工智能技术的理解和运用能力。在理解阶段，教师应掌握人工智能技术的基础知识，包括其基本概念、核心技术和应用场景，理解人工智能在语言教学中的基本原理和应用逻辑。在深化阶段，教师需要在充分理解不同人工智能工具的优势与局限性的基础上，熟练地运用这些工具来支持教学活动。教师应具备撰写和优化提示词的能力，能够高效地利用人工智能工具，提升教学效果和学生的学习体验。同时，教师还应深入分析 AI 工具的应用效果，预测其对学生学习和教学目标达成的影响。在创造阶段，教师能够运用人工智能工具创建教学资源，如设计个性化的学习任务、开发互动式语言练习等。此外，教师还应具备一定的技术评估能力，能够根据教学目标和学生需求，选择最适合的 AI 工具。例如，在教授商务英语时，教师可以选择具有专业术语翻译和商务场景模拟功能的 AI 工具，以提高教学的针对性和实用性。

4. 人工智能与语言教学融合

人工智能与语言教学融合维度强调技术与教学的有机结合。在理解阶段，教师需具备语言知识和教学法知识的基础，了解人工智能在语言教学中的应用效益，包括其如何增强教学互动性、提升学习效率以及满足学生的个性化需求。在深化阶段，教师能够运用人工智能技术辅助语言教学活动的开展。教师能够把 AI 技术应用于听、说、读、写各项技能训练中，设计个性化的学习路径，并通过技术手段为学生提供即时反馈和动态支持。例如，在口语训练方面，教师能够利用 AI 智能语音识别系统实时分析学生的发音，提供精准的反馈和纠正建议，同时还能通过 AI 语音合成技术生成不同语言的语音材料，帮助学生适应多样化的语言环境（孙有中，唐锦兰 2022）；在翻译教学中，AI 一方面可以帮助学习者掌握更为丰富的双语资源，另一方面能够为译者提供更多译文选择的可能性（黄立波 2022）；在跨文化交际方面，AI 能够通过大数据整合文化知识，系统化地呈现文化概念在不同文化语境中的映射关系（孔蕾，杨鑫蕊 2025）。在创造阶段，教师能够定制和修改人工智能工具，借助人工智能技术开展教学创新实践和研究。教师应具备技术整合能力，能够将不同的人工智能工具有机组合，创造更丰富的学习体验。例如，将智能对话系统与虚拟现实技术结合，创建沉浸式的语言交际环境；将智能写作助手与自动评分系统整合，构建完整的写作训练闭环；或是与其他教育者合作，为现有的人工智能工具添加功能和设计语言教育平台。

六、结语

随着人工智能技术的持续发展，外语教师需要不断更新知识结构，提升专业能力，积极适应教育变革。本文尝试从外语教学应用场景"教—学—管—评"出发，构建外语教师人工智能素养框架。未来，人工智能将在外语教育中发挥更加重要的作用，推动教育教学模式的创新与变革。教师作为教育变革的关键推动者，应以开放包容的心态迎接技术的快速发展，积极探索人机协同的新模式。在这一过程中，教师要掌握人工智能技术的应用和其与教学理念的融合，从而在人机协同中不断探索教育创新的无限可能，为培养适应未来社会需求的外语人才贡献力量。

参考文献

[1] Chang, W. L., & Sun, J. C. Y., 2024. Evaluating AI's impact on self-regulated language learning: A systematic review. [J/OL]. *System*, 126: 103484.

[2] Halkiopoulos, C., Gkintoni, E., 2024. Leveraging AI in e-learning: Personalized learning and adaptive assessment through cognitive neuropsychology—A systematic analysis[J]. *Electronics*, 13(18): 3762.

[3] Jürgen Rudolph, Samson Tan, Shannon Tan, 2023. ChatGPT: Bullshit spewer or the end of traditional assessments in higher education?[J/OL]. *Journal of Applied Learning & Teaching*, 6(1): 31-40.

[4] Kim, S., Jang, Y., Choi, S., etal., 2021. Analyzing Teacher Competency with TPACK for K-12 AI Education[J/OL]. *KI - Künstliche Intelligenz*, 35(2): 139-151.

[5] Krashen, S. D., 1985. *The Input Hypothesis: Issues and Implications*[M/OL]. Longman.

[6] Kumar, K., Al-Besher, A., 2022. IoT enabled e-learning system for higher education[J/OL]. *Measurement: Sensors*, 24: 100480.

[7] Lin, Z., Chen, H., 2024. Investigating the capability of ChatGPT for generating multiple-choice reading comprehension items[J/OL]. *System*, 123: 103344.

[8] Long, D., Magerko, B., 2020. What is AI literacy? Competencies and design considerations[C]//Proceedings of the 2020 CHI conference on human factors in computing systems. 1-16.

[9] Slamet, J., 2024. Potential of ChatGPT as a digital language learning assistant: EFL teachers' and students' perceptions[J/OL]. *Discover Artificial Intelligence*, 4(1): 46. DOI:10.1007/s44163-024-00143-2.

[10] UNESCO, 2024. AI competency framework for teachers[Z/OL]. (2024-12-12). https://unesdoc.unesco.org/ark:/48223/pf0000391104.

[11] Xu, L., 2021. The Dilemma and Countermeasures of AI in Educational Application[C/OL]//Proceedings of the 2020 4th International Conference on Computer Science and Artificial Intelligence. New York, NY, USA: Association for Computing Machinery: 289-294.

[12] Younis, B., 2024. Effectiveness of a professional development program based on the instructional design framework for AI literacy in developing AI literacy skills among pre-service teachers[J/OL]. *Journal of Digital Learning in Teacher Education*, 40(3): 142-158.

[13] Zhang, W., Aljunied, M., Gao, C., etal., 2023. M3exam: A multilingual, multimodal, multilevel benchmark for examining large language models[J]. *Advances in Neural Information Processing Systems*, 36: 5484-5505.

[14] Zhao, L., Wu, X., Luo, H., 2022. Developing AI Literacy for Primary and Middle School Teachers in China: Based on a Structural Equation Modeling Analysis[J/OL]. *Sustainability*, 14(21).

[15] 李艳, 孙凌云, 江全元, 等. 高校教师人工智能素养及提升策略[J]. 开放教育研究, 2025,31(01):23-33.

[16] 刘琼, 刘星, 刘桂锋. "人工智能+高等教育"应用场景下的AI素养框架研究[J]. 农业图书情报学报, 2024,36(08):43-55.

[17] 王雪梅, 周茂杰. 高校外语教师数智素养: 内涵、框架与发展路径[J]. 外语界, 2024,(05):33-40.

[18] 周丽敏, 孟朦, 邢振江. 生成式人工智能赋能外语课程思政教学场景探析[J]. 外语电化教学, 2024,(05):93-99+118.

[19] 薛淑敏, 鄢莹莹, 徐梦杰. 教师AI素养: 人工智能时代的教师准备——基于UNESCO "AI CFT"框架和7份政策文本的分析[J]. 教师教育研究, 2024,36(04):105-113.

[20] 冯庆华, 张开翼. 人工智能辅助外语教学与研究的能力探析——以ChatGPT-4o和文心大模型4.0为例[J]. 外语电化教学, 2024,(03):3-12+109.

[21] 冯剑峰, 姜浩哲, 刘珈宏. 面向人机协同的教师数智素养: 测评框架、现状审视与优化路径[J]. 教育发展研究, 2024,44(10):21-29.

[22] 黄立波. 大数据时代背景下的语言智能与外语教育[J]. 中国外语, 2022,19(01):4-9.

[23] 贾涵, 王雪梅. 高校外语教师数字素养实证研究综述（2012–2023）——基于R语言及CiteSpace的可视化分析[J]. 外语电化教学, 2024,(02):70-78+111.

[24] 孔蕾. 生成式人工智能在外语专业教学中的应用：以《大学思辨英语教程·精读》教学为例 [J]. 外语教育研究前沿, 2024,7(01):11-18+90.

[25] 孔蕾, 杨鑫蕊. 人工智能赋能中华文化融入外语教学：文化理解与讲述 [J]. 外语界, 2025,(01):29-37.

[26] 张一春, 汤玲, 马春兰. 人工智能助推教师发展的路径与对策研究 [J]. 电化教育研究, 2023,44(10):104-111.

[27] 邓伟, 杨晓丹, 高倩倩, 等. 人工智能支持下的课堂教学评价模型研究 [J]. 中国教育信息化, 2023,29(08):3-14.

[28] 张震宇, 洪化清. ChatGPT 支持的外语教学：赋能、问题与策略 [J]. 外语界, 2023,(02):38-44.

[29] 范建丽, 张新平. 大数据+智能时代的教师数智胜任力模型研究 [J]. 远程教育杂志, 2022,40(04):65-74.

[30] 孙有中, 唐锦兰. 人工智能时代中国高校外语教师队伍建设路径探索："四新"理念与"四轮"驱动模式 [J]. 外语电化教学, 2022, (03): 3-7+101.

[31] 王丹. 人工智能视域下教师智能教育素养研究：内涵、挑战与培养策略 [J]. 中国教育学刊, 2022, (03): 91-96.

[32] 吴茵荷, 蔡连玉, 周跃良. 教育的人机协同化与未来教师核心素养——基于智能结构三维模型的分析 [J]. 电化教育研究, 2021,42(09):27-34.

[33] 许亚锋, 彭鲜, 曹玥, 等. 人机协同视域下教师数智素养之内涵、功能与发展 [J]. 远程教育杂志, 2020,38(06):13-21.

[34] 余丽, 王建武, 曾小珊. 教师的信息素养——信息技术与外语课程整合的关键因素 [J]. 外语电化教学, 2009,(05):70-74.

作者单位：1. 上海外国语大学语言科学研究院, 上海 201620
　　　　　2. 上海外国语大学英语学院, 上海 201620
　　　　　3. 上海外国语大学附属外国语学校松江云间中学, 上海 201600
　　　　　4. 上海外国语大学附属外国语学校松江云间小学, 上海 201600

Foreign Language Teachers' Professional Development from the Perspective of Policy Implementation: Connotation and Framework

政策执行视角下的外语教师专业发展：内涵与需求体系建构①

赵蓉晖¹ 周洲²

提要：教师是教育政策执行中的枢纽和关键要素。本文从政策执行的视角出发，将外语教育政策内容和政策执行活动视为多层级空间，结合前期研究案例，探索政策执行视角下的外语教师专业发展的内涵、需求体系。研究认为，政策执行视角下教师的专业发展构成维度包括：（1）专业理念，即对外语教育目标和功能的理解、对外语教育政策执行系统的认知；（2）专业知识，即外语学科的知识生产、知识传播、知识再建构；（3）专业能力，包括外语教师对政策的反思能力、解释能力、语境渗透能力。基于上述研究提出政策执行视角下外语教师专业发展的需求体系，以期为新时代中国外语教育政策研究和教师专业发展实践提供新视角。

关键词：政策执行；政策循环；外语教育政策；外语教师专业发展；外语教育

Abstract: Teachers are the pivotal and critical element in the implementation of education policy. This study regards foreign language education policy and its implementation as a multi-layered space. Applying the previous empirical data, the study explores the current research conditions, connotation and demand system of foreign language teachers' professional development from the perspective of policy implementation. It is considered that the dimensions of teachers' professional development under the scope of policy implementation include: (1) Professional literacy, that is, the understanding of the objectives and functions of foreign language education and the cognition of the policy implementation system of foreign language education; (2) Professional knowledge, composed of knowledge production, knowledge dissemination and knowledge reconstruction of foreign language disciplines; (3) Professional skills, including foreign language teachers' ability to reflect on policies, explain and penetrate into context. Finally, a demand system for foreign language teachers' professional development under the scope of policy implementation is constructed. Hopefully, it can provide enlightenment for the study and practice of foreign language education policy and teachers' professional development in the new era.

---

① 本文为国家社会科学基金一般项目（批号：23BYY171）的阶段性成果。

Key words: policy implementation; policy circle; foreign language education policy; foreign language teachers' professional development; foreign language education

---

1. 引言

外语教育政策是实施外语教育教学改革的重要载体。随着教育改革的深化，教师作为政策的一线执行者，其政策认知和执行行为已成为改革是否有效的关键：一方面，国家相继出台《关于全面深化新时代教师队伍建设改革的意见》《教师教育振兴行动计划（2018—2022年）》《外国语言文学类教学质量国家标准》等多项政策文件，对外语教师的专业理念、知识结构、教学能力诸方面提出新要求，教师在课堂语境下的专业素养是实现政策目标的关键要素之一（Grossman 1994；Menard-Warwic 2011）；另一方面，在教育政策语境和政策循环的整体过程中，教师作为身处政策实施环境中的一线执行者，其所扮演的角色和发挥的能动性却鲜少被深入讨论。已有研究从语言教育教学的视角出发，将教师的专业理念、知识结构、教学能力等纳入"外语教师专业发展"的范畴，进行单维分析或横向比较研究（徐锦芬，刘文波 2020；周洲 2023）；教师作为教育活动的一线实践者，在政策执行这一环节具有极大的主体参与性，且对政策执行效果有重要影响。因此，从政策执行视角反思教师专业发展，具备学术和实践的双重价值，可为外语教师专业发展体系进一步完善发挥积极作用。

2. 相关研究现状

政策执行是公共政策学科中的重要概念，隶属于"政策循环"[①]过程中的第三阶段，也是最核心的环节。当前研究对政策执行的关注多集中于"公共政策执行""教育政策执行""课程政策执行"三方面（彭敏等 2024），对教师这一重要执行主体的关注不足。而教师作为政策执行者，在对顶层设计的再阐释与实践过程中具有特

---

① 政策循环（policy cycle）亦称"政策周期"，指政策从制定到实施的过程。通常认为包含"问题认定""政策制定""政策执行""政策评估""政策调整"阶段。

殊引领作用，因此，教师的教育教学活动应是"政策执行"和"专业发展"共同构成的复合概念。因此，探究政策执行视角下的外语教师专业发展兼具学理与实践的迫切性。

2.1 相关研究回顾

语言教育政策是语言政策与规划（Language Policy and Planning, LPP）研究领域的重要内容之一。自20世纪50年代以来，LPP研究关切由早期聚焦语言政策内容与规划活动现象，转而揭示语言政策背后隐含的权力关系与意识形态。21世纪初，受历史结构主义视角下全球地缘政治变化的影响，研究者们开始尝试以超越语言学科的视角，看待语言规划过程中"关切""创制""传播""援用""诠释"等环节对社会各界产生的影响（Johnson 2013），为不同场域和语境下的语言政策研究提供了新的视角、路径和方法，旨在阐明语言规划活动与社会实践关联的、动态的互动过程，并积极寻求解决民族与个体、政府与公民、教育者与学习者之间交际问题的对策。因此，语言政策既包括静态的文本，也包含人为干预语言发展进程的过程：这既是两个不同的侧重点，也是一个由文本制定到落地现实、付诸实践的完整的闭环过程；而语言教育政策执行则是充分反映后者的过程，即囊括政策出台到实施的全过程，包含不同层级、不同领域执行者的互动和反馈，并致力于优化执行过程中出现的矛盾和冲突（Spolsky 2004）。这一过程中，教师是最核心的执行主体。

现有教师发展与外语教育政策执行相关研究集中于以下主题：（1）教师作为外语教育政策执行主体在教学场域下的实践。此类研究多聚焦政策从制定到地方学校执行的过程，及其折射的主体意识形态，认为以教师为核心执行主体的执行网络式互动对政策执行效果具有反作用力，并促进教师的政策认知深化（Walter 2015；刘辉 2018）。（2）不同区域下的外语教育政策执行特色，以语言（特定语种、双语、多语讨论政策在某一场域的实践情况）为切口，观察教师不同语言选择下的教学状态、情感和能力（Turner & Wildsmith–Cromarty 2014；Hopkins 2016）。（3）外语教育政策执行与评估体系构建，更侧重于以教师为评价客体的指标开发和分析，认为政策执行的效果取决于教师的专业教研能力（程京艳 2021）。上述研究说明，当前学界已开始关注外语教师与教育政策执行的关联，认为教师作为政策执行主体之一，在执行过程中与各方协调配合，发挥能动性，助力于政策目标的实现。

2.2 现有研究局限

现有研究将公共政策执行框架引入外语教师教育，弥补了外语教育研究视角的局限，并能重新审视外语教师在教育活动中的地位与作用，探索教师政策认知和执行行为对自身专业发展的反哺作用，为本研究奠定了理论与实践基础，但仍有一定局限：（1）对外语教师专业发展内涵理解不足。新时代背景下，外语教师专业发展的内涵已经发生变化，但传统的经验主义仍集中对教师的教学知识、教学能力、教学素养的培训与期待，但国家战略和社会发展已对教师提出了新要求。然而，已有研究多集中在课堂场域或政策文本，与政策执行关联的实证研究较少，理论总结有限。（2）对外语教师作为教学主体地位的认识局限。外语教师作为外语教育政策执行的核心主体，目前还少有研究专门分析其在执行过程中的专业发展，仍偏重于分离、静止的视角，将其与政策执行过程孤立。（3）对外语教师政策实践的理解混淆。误将教师在政策执行过程中进行的一系列活动等同于"政策实践"，尤其是"教学实践"，忽视教师在执行过程中伴随的政策认知发展和变化过程，以及由此对政策执行产生的反作用力。（4）对外部政策环境的视角盲区。忽视政策环境对教师作为一线执行主体的影响。

2.3 本文研究问题

本文从政策执行的视角出发，将政策内容和政策执行活动视为多层级空间，具体表现为：（1）多层级政策环节，一个完成的政策循环过程离不开"制定—阐释—执行"各环节的相互衔接；政策执行作为核心环节，与政策制定和阐释均有密切互动。（2）多层级政策主体：在政策执行这一环节中，不同的政策主体逐级对政策具有再阐释性，这一特性导致教师作为核心执行主体，其政策认知、执行行为会随着上级阐释的不同产生相应的变化，继而影响政策执行过程和专业发展内涵。（3）多层级政策语境：宏观、中观、微观的政策执行环境也是影响教师专业发展的重要变量。

政策执行的多层级特性将综合改变教师作为一线执行者的专业发展内涵构成。基于此，本研究拟回答以下3个问题：

（1）外语教育政策执行视角下，外语教师专业发展的内涵是什么？

（2）在这一视角下，外语教师面临哪些新的发展需求？

（3）如何构建新时代外语教育政策执行视角下的教师专业发展的理论体系？

3. 政策执行视角下外语教师专业发展的内涵

传统的外语教师专业发展研究多从生态观和身份建构论视角出发，讨论外部环境对教师专业能力发展或身份转变的影响，如基于外语教师的同伴互评与指导（Pawan & Fan 2017）、教师职业发展教育（Watt & Richardson 2007）、教师免疫（王雪梅，何艳华 2024）所构建的各类教师团体或个体在不同场域下的实践，揭示具体教育活动对教师个体主动学习、身份建构、职业能动性的支持性。少量研究讨论教育活动对外语教师某一专业侧面发展的作用：如文秋芳（2017）基于实践共同体(community of practice)中的"三大要素"（Wenger 1998），搭建以"成员""目标""中介""机制"四要素为核心的教师专业学习框架，探究外力如何作用于教师特定维度的专业发展；或引入技术支持，阐释现代社会网络下的资源、环境与教师的互动，分析对高校外语教师在线教研能力的影响（孙钦美 2021）。上述研究挖掘了外语教师各个维度能力的发展，并对教师专业发展建构了较为科学、系统的范畴化分类，但仍未脱离教学情境。本研究则基于政策执行视角，结合前人研究发现和前期研究案例成果，归纳政策执行视角下外语教师专业发展的主要维度，以厘清其内涵。

本研究曾以上海市教委推出的"上海市中小学非通用语种学习计划"这一外语教育政策试点为案例，对102位教研员及一线多语种外语教师的政策认识和执行实践进行观察、调研和访谈，了解其对当前政策目标与政策内容的理解，以及相应的政策执行行为。基于数据分析结果和政策执行的前期研究，笔者将政策执行视角下外语教师专业发展归纳为三个维度：（1）专业理念，即对外语教育目标和功能的理解，以及对外语教育政策执行体系的认知；（2）专业知识，包括外语学科的知识生产、知识传播、知识再建构；（3）专业能力，包括外语教师对政策的反思能力、解释能力、语境渗透能力（文秋芳，任庆梅 2011；龙献忠，刘绍云 2023）。基于此，本文将"外语教育政策执行的专业理念""外语教育政策执行的专业知识""外语教育政策执行的专业能力"作为探讨政策执行视角下外语教师专业发展的概念框架,分别论述其内涵。

3.1 外语教育政策执行中的专业理念

3.1.1 对外语教育目标和功能的理解

我国外语教育的目标和功能在社会发展中出现数次转向(赵蓉晖 2014),由传统的语言技能教学,到借助语言推动文化的交流与传播,再到将语言视作立足本土、放眼世界的支撑和载体,直至今日从外语教育拓展至"国际理解"的范畴。综上可知,外语教育在当代承担着多重职能(赵蓉晖 2017)。

国际理解是我国素质教育的基本目标,是核心素养的关键维度之一。我国《关于做好新时期教育对外开放工作的若干意见》《国家中长期教育改革和发展规划纲要(2010–2020 年)》《关于加快和扩大新时代教育对外开放的意见》等多项纲领性政策已将"国际理解"纳入教育目标维度。教育部中外人文交流中心将上述目标与"多语种外语学习"系列项目挂钩,依托不同类型的课程展开国际理解教育。以"上海市中小学非通用语种学习计划"这一外语教育政策试点为例,改革的主要目标是将多语种外语技能作为知识、工具、路径,以提升青少年学习者的国际理解能力和跨文化交际能力,拓展其国际视野、唤醒人类命运共同体意识,从而扩充我国关键外语语种人才及全球治理人才的早期储备。由此可知,上海市多语教育政策的制定和发展顺应我国多语教育发展的历史使命和目标转向,聚焦国际理解教育视域下提升青少年的综合素养。基于此,笔者建构了相应的政策执行路径优化框架。

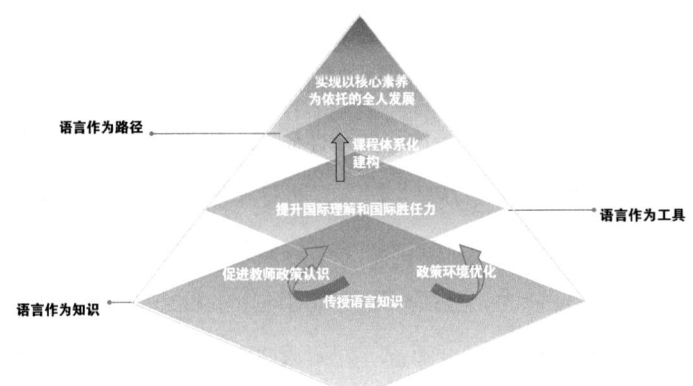

图 1 面向国际理解的外语教育政策执行路径优化框架

面向国际理解的外语教育政策执行路径优化离不开教师对政策的认识深化。据前期调研结果，现行的多语教育政策执行效果与政策目标仍存在一定的"执行差距"（Bardach 1977），其中教师对政策的认知不足是导致差距产生的原因之一。因此，教师对外语教育目标和改革方向的关注是其外语教育政策执行的专业理念的具体体现。为教师提供专业技能培训和共同体协作平台发展的同时，也应关注教师理念与外语发展的时代需求，以"提升学生国际理解能力"为导向，进而实现教师专业理念的优化。

3.1.2 对外语教育政策执行系统的认知

教师对外语教育政策的执行系统的认知是专业理念的组成部分，包含对政策执行主体和政策环境的理解（孙科技 2018）。当前，上海市教委大幅开展对外语教师教研的政策宣传，并加大对外语教师撰写期刊论文、咨政报告的指导力度。多语教师已逐渐参与上海市的外语教育政策意见反馈甚至制定环节。然而，本研究前期调查显示，外语教师对政策执行的参与主体了解程度较低，访谈同样印证了这一发现。一位意大利语教师表示"这个政策已经持续好多年了，范围也在扩大，虽然可能有些细节没办法把控得特别精准，但孩子们学习的基本效果还算可以"。另一所学校的波斯语教师也不理解政策执行模式的含义和类别，将其等同于"上令下行"。也有教师指出，"教师逐渐有了反馈意识，一定程度上能反哺政策制定"，并非完全等同"自上而下"的传统线性规划。

教育政策的执行倚赖于多重因素，包括政策环境、教学计划、课程体系、课程标准、教材资源、体系内外的指导等。更重要的是，教师对政策执行系统的认知，亦构成专业理念的一部分，并与其政策执行行为及其产生的后续效果密切相关（刘惠 2018）。依托于"上海市中小学非通用语种学习计划"政策试点，市教委为一线教师提供智力支持，对我国外语教育政策现状与目标人才培养战略进行分析，聚焦多语教育政策的总领目标、课程内容、教学方式，以及评价考核要求等一线教师最关心的问题，阐释基于外语教育改革背景下，推行多语教育政策的现实导向，使广大一线教师能更切身地理解面向国际理解的多语教育所肩负的时代任务和深层动因，优化外语教育政策执行视角下的专业理念，对新时代的外语教育形成更全面的认知。

3.2 外语教育政策执行中的专业知识

外语教育改革的深化推进向外语师资教育提出了新要求。已有研究发现，国内师资教育及培训项目一方面拓展和丰富了教师的教学技能和教学方法；另一方面深化了教师对教育政策和教学改革的理解，进而优化其教育理念（朱旭东等 2022），将教师从被动的政策执行者培养为通过教学实践，对专业知识进行生产、传播、再建构的能动性政策执行主体。

特定学科的知识生产与传播扎根于同一片土壤，也具备共同规律和原则（赵蓉晖，张勇晨 2024）。教师最基本的任务是实现知识的复现与传播，即基于政策目标的知识复制与实践。当前国内针对外语教师的培训大多要求教师既掌握充分的语言技能和文化知识储备，也需具备对教育教学政策方针的正确、深化认知，以及一般教学法和学科教学法知识（Grossman 1994）。外语教师受到系统的师资训练后改进的教学行为在政策执行过程中具有关键性引领作用。根据调研结果，部分教师对自身的专业知识较为自信，但也指出技术发展带来的挑战，即信息库更新不及时，与学生的觉知存在偏差。

此外，笔者与校教研员的访谈结果显示，多语种外语专业背景出身的教师，尤其是新手教师，虽具备高水平的专业知识，但缺少基本的教育学原理知识，导致其教学设计和逻辑排布具有明显的缺陷；部分资历浅的教师缺乏整体思维，对知识提炼和体系构建的能力有待加强。

也许不是每个老师都了解文化交际或国际理解，但如果我们自己都没有这个意识，又怎么去引导学生发展这些能力呢？并不是说他的专业能力差，而是他的基本教学逻辑薄弱，很难把他懂的那么多知识用一种学生可接受的方式讲出来。（来自对校教研员的访谈笔记）

由此可知，政策执行视角下的教师专业知识发展并非仅限于专业知识，也包括政策知识和教学知识。此外，如何构建中国自主的外语教育政策知识和研究体系，实现对西方话语的创造性转化亦是对外语教师专业能力的进阶考量。外语教师政策执行中的知识的再建构应聚焦国际理解教育在中国土壤生根与发展的过程，充分揭示国际理解内涵与中国外语教育目标及各层级政策执行的内在联系与互动，以中国的研究经验来阐释并建构面向国际理解的外语教育政策执行与路径优化机制，实现由西方中心主导向中国特色阐释的话语权转向。

3.3 外语教育政策执行中的专业能力

政策执行强调"以政策目标为中心"，提倡各执行主体（尤其是基层主体）通过强化政策认识，发挥能动性，以尝试解决政策执行中出现的问题，并进行反馈的过程，以创造参与政策目标设置的可能性（Sabatier 1986）。在这一情境下，外语教师对政策的阐释和反思能力至关重要。《关于做好新时期教育对外开放工作的若干意见》《关于印发国家教育事业发展"十三五规划的通知"》等多项政策明确指出，应依托外语教育创建对外合作交流关系，推进以语言为载体的国际理解教育和课程的开发。结合前期研究发现，教师认可外语在教育中的人文性和工具性，进而反思政策目标下的执行行为，如积极发起或参与"多语+"的整合课程研讨、建立向上反馈机制、投身当地语言教育服务等。如在课堂中结合教材内容，补充目标国家的疫情防护措施、数字技术发展以及立足全球视野的人类命运共同体建构，反映出教师在社会文化大环境下，对基础教育阶段外语教育改革发展的自我反思和理念凝练。

外语教师对政策的解释能力和语境渗透能力也对政策执行起到影响。政策解释能力是"政策阐释"的具体表现形式（龙献忠，刘绍云 2023），即解读外语教育政策"培养什么人，为谁培养人，如何培养人"这一时代问题的重要条件，并根据具体教育实践活动和语境再建构。外语教育政策内容在教学与实践的各要素、各环节中处于中心地位，直接影响着教师职业目标的实现，进而促进教师对政策执行差距、目标取向等方面的能力发展。

教师的语境渗透力依托具体情境展开，本质是阐释政策内在语义的外部条件。从外语教育政策执行的过程而言，教师的语境渗透力是不断强化的过程，因其长期浸于教学场域实践，并与其他执行主体产生交互，从而衍生教学域语境和社会域语境、教育话语语境与政治话语语境、传统话语语境和时代话语语境、主体话语语境和客体话语语境等多种形态（龙献忠，刘绍云 2023）。在一线政策执行中，要提升语境渗透力的本质实质上是对外语教育政策目标的显性和隐性价值挖掘，对外语教师的高阶复合专业能力提出一定的挑战。

4. 政策执行视角下外语教师专业发展的需求体系建构

综上，将外语教师发展置于政策执行视角下会带来对教师专业能力的新理解。教师作为外语教育政策执行的枢纽与核心，应认可外语在教育中的人文性和工具性，进而采取相应的执行行为，"阐释政策的能力""语境渗透力""积极行动的能力"因此应被纳入教师专业能力范畴。为此，在建构当前的外语教师专业发展体系时，应做到如下三点。

4.1 深化教师的政策认知

4.1.1 加强对完整的外语教育政策循环的理解

政策循环从"议题关切"到"政策评估"五个环节的参考指标和运作机制，彰显了外语教育政策兼具实施过程和实施结果的双重属性，由此形成其显性和隐性的决策特征。一方面，区别于应用语言学视角下聚焦语言政策本身及其隐性意识形态的论述，公共视角的引入更强调语言政策实施过程与社会环境和目标主体的互动，即政策在何种条件、付出多少成本、产生怎样的政策效果、是否满足决策者的需求、是否能被更统一稳定的机制取代（Michele Gazzola et al. 2023）。简言之，基于公共视角的观察倾向对政策可用资源和倚赖工具的评估，更关注政策程序的合理性。

另一方面，政策的创制、传播、援用，均有建构社会关系、参与社会互动、甚至重现社会事实的功能（田海龙 2009）。决策者在参与目标政策话语创制及传播的过程中，与不同话语群体及其建构的现实关切需求的交互联系，论证了话语分析和话语互动两条研究路径，用以厘清政策于社会生态和权力结构下政策演变历程的学理性和可行性。

有鉴于此，外语教师有必要强化对外语教育政策循环的理解，将政策循环框架作为分析预测语言政策目标和效果的工具，用于剖析语言政策的多层级互动和主体能动性的可行性，洞悉外语教育实践与社会空间的互语联系，提升专业理念发展，对外语教育政策制定具有反拨作用。

4.1.2 注重对外语教育政策的目标的挖掘

外语教育政策的制定和执行需将教师对政策的认知能力、专业能力、教学能力纳入考量（李锋等 2018）。随着国际化进程加快，外语教育已不仅限于语言技能的传授，更应重视在全球挑战下的外语教育改革，即强化外语教师的"外语+"意识，将语言与专业领域知识结合，在学生外语学习的关键期唤醒其文化交际意识，在语言学习中培养全球事务的处理能力，以及"立足本土、放眼世界"的战略性目光，进而提升其全球胜任力。因此需深化教师对该政策出台的宏观背景及上位政策的关注和认知，引导教师提升专业技能、优化知识储备的同时，关注与多语教育、具体目标语种教育相关的时代需求，以及与外语教育改革匹配的发展方向，以"立德树人"为导向，了解改革的核心内容。这是每位肩负多语教学职责的基层执行者都需萌生的时代关照。

4.2 提升教师的政策执行能力

我国相关政策文件多次强调，应重点借鉴国际先进教育经验，以外语教育为途径开展国际理解教育，推动多元文化交流。由此可知，外语不仅仅是政策目标，更是推进国际理解教育发展中不可或缺的载体和工具。教师应通过拓展语言作为政策工具的属性，提升其执行能力。

以欧盟为例，虽具备丰富的多语多文化资源，但区别于传统的语言技能传授，欧盟更注重公民依托于特定语种，发展专业能力和综合素质。此外，欧盟鼓励技术赋能的多语教学，其出台的各类多语"软"性政策体现其对语言复合型功能的深层认知。这一举措不仅为师生创造了天然丰富的语言环境，鼓励学生使用多种外语，同时也促进教师对语言属性和功能运用的多样化拓展，培养学生以多样化的语言渠道，强化跨学科的大观念主题学习，提升国际事务处理能力和全球治理能力，并尽可能应用多元化的评价体系。

4.3 激发教师的主体能动性

教育政策的执行是从宏观到中观再到微观逐级落实的过程；其间，教师不仅是单向的政策执行者，也能在执行过程中发现问题、提出建议，反哺于政策制定。

学校作为教育政策执行的主要场域，为确保政策的有效实施，应依托校长、教育行政人员、专家顾问等多主体合作力量，为教师形成政策网络的托举，激发其主体能动性。此外，外语教师应主动将政策执行的具体情况向决策层作阶段性汇报，并与其他外语优势院校建立长期、系统的合作机制，以增进对多语教育政策和多语教育政策实践的理解认知，展开长效合作，建构共同体，以共同的行动目标作为教师间的关键连接和一致导向，吸引所有教师充分发挥主体能动性，进而实现外语教师综合能力的发展，也建构政策决策层与执行层之间多向反馈、多方互动的贯通体系，是充分整合有效教育资源的理想执行模式（周洲 2023）。

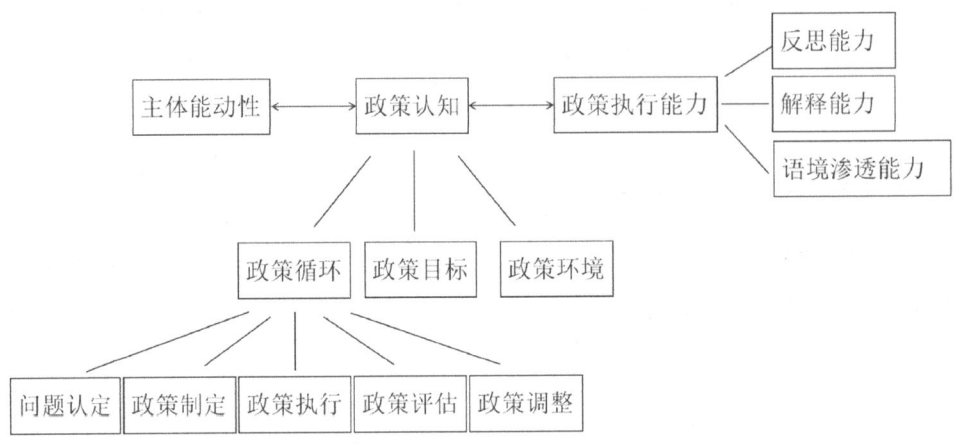

图 2 政策执行视角下外语教师专业发展的需求体系建构

5. 结语

随着当代社会发展和学科边界的淡化，语言的社会功能领域已显著拓展，外语教师"专业"的内涵也随之扩大：现今的专业发展已不仅仅局限于外语教育教学本身，更重要的是将语言视作政策工具，重视对政策周期整体性认知，以及自身作为政策主体的能动性实践。

本研究以政策执行为视角，将外语教育政策内容和政策执行活动视为多层级空间，结合前期研究案例，探索政策执行视角下的外语教师专业发展研究现状、内涵、需求体系。研究认为，政策执行视角下教师的专业发展内涵包括专业理念、专业知识、专业能力三个维度。有别于传统外语教师专业发展的固化范畴，政策执行下外语教师面临的专业发展维度更丰富、处境更复杂，这既是对新时代外语教师教育提出的挑战，也是实现师资队伍专业素养优化、培养质量提升的机遇。研究建议，外语教师可通过对外语教育政策循环过程和特征的研究，深入挖掘政策的隐性目标，结合政策环境做出执行实践，开拓语言的"政策工具属性赋能"路径。

上述发现能为我国外语教育政策研究和外语教师专业发展提供一定的启示，但仍存在局限。本文仅揭示执行视角下的教师专业发展内涵与需求体系，未来可进一步研究多层级政策空间（政策问题认定—制定—阐释—评估）的教师专业发展趋势，以深入复杂政策空间下，影响外语教师专业发展的内在和外部制约因素。

参考文献

[1] Bardach E. *The Implementation Game: What Happens After a Bill Becomes a Law*[M]. Cambridge: The MIT Press, 1977.

[2] Grossman P L. Teachers' Knowledge[A]. In Husen T & Postlethwaite T N (eds.). *The International Encyclopedia of Education*[C]. New York: Pergamon, 1994: 6117-6122.

[3] Hopkins M. Beliefs in context: Understanding language policy implementation at a systems level[J]. *Educational Policy*, 2016, 30, 573-605.

[4] Johnson D C. *Language Policy* [M]. New York: Palgrave MacMillan, 2013.

[5] Michele G, François G, Linda C, Kathleen H. *The Routledge Handbook of Language Policy and Planning*[M]. New York: Routledge, 2023.

[6] Menard-Warwic J. Chilean English teacher identity and popular culture: Three generations[J]. *International Journal of Bilingual Education and Bilingualism*, 2011, 14(3): 261-277.

[7] Pawan F & Fan W. School based professional development with "jiaoyanzu" peers[A]. In Pawan F, Fan W, Pei M, Wang G & Yuan N (eds.). *Teacher Training and Professional Development of Chinese English Language Teachers: Changing from Fish*[C]. New York: Routledge, 2017: 64-80.

[8] Sabatier P. Top down and bottom up approaches to implementation research: A critical analysis and suggested synthesis[J]. *Journal of Public Policy*, 1986, 6, 21-48.

[9] Spolsky B. *Language Policy*[M]. Cambridge: Cambridge University Press, 2004.

[10] Turner N & Wildsmith-Cromarty R. Challenges to the implementation of bilingual/multilingual language policies at tertiary institutions in South Africa (1995-2012)[J]. *Language Matters*, 2014, 45, 295-312.

[11] Watt H M G. & Richardson P W. Motivational factors influencing teaching as a career choice: Development and validation of the FIT-Choice Scale[J]. *Journal of Experimental Education*, 2007, (3): 167-202.

[12] Wenger E. *Communities of Practice: Learning, Meaning, and Identity*[M]. Cambridge: Cambridge University Press, 1998.

[13] 程京艳.《指南》视域下我国外语教育政策价值取向研究 [J]. 外语学刊，2021, (2): 121-125.

[14] 李锋，柳瑞雪，任友群. 确立核心素养、培养关键能力——高中信息技术学科课程标准修订的再思考 [J]. 全球教育展望，2018, (1): 46-55.

[15] 刘惠. 学校日常生活中的政策呈现——教育政策执行研究的新立场 [J]. 教育科学研究，2018(4): 36-40.

[16] 龙献忠，刘绍云. 新时代高校思政课话语亲和力：系统构成、现实检视与提升路径 [J]. 大学教育科学，2023, (3): 32-41.

[17] 彭敏，施贵菊，杜尚荣. 教师政策执行力的内涵、特征及功能 [J]. 教学与管理，2024, (30): 19-24.

[18] 孙钦美. 网络学习共同体对高校外语教师能力发展的影响因素研究 [J]. 外语界, 2021, (4): 71-79.

[19] 田海龙. 语篇研究：范畴、视角、方法 [M]. 上海：上海外语教育出版社, 2009.

[20] 王雪梅, 何艳华. 外语教师免疫力的内涵、现状与展望 [J]. 北京第二外国语学院学报, 2024, 46(05): 74-85.

[21] 文秋芳. 大学外语教师专业学习共同体建设的理论框架 [J]. 外语教学理论与实践, 2017, (3): 1-9.

[22] 文秋芳, 任庆梅. 探究我国高校外语教师互动发展的新模式 [J]. 现代外语, 2011, (1): 83-90.

[23] 徐锦芬, 刘文波. "外教社杯"全国高校外语教学大赛对教师专业发展影响实证研究 [J]. 外语界, 2020, (1): 25-33.

[24] 赵蓉晖. 中国外语规划与外语政策的基本问题 [J]. 云南师范大学学报（哲学社会科学版）, 2014, 46(1): 1-7.

[25] 赵蓉晖. 语言政策视角下的中国外语教育发展趋势 [J]. 中国外语教育, 2017, 10(4): 25-31+87.

[26] 赵蓉晖, 张勇晨. 中国语言学国际话语权现状及建构方略——跨学科话语权反思与重构 [J]. 云南师范大学学报（哲学社会科学版）, 2024, 56(2): 52-60.

[27] 周洲. 基于课例研究的实践共同体对外语教师专业发展影响的案例研究 [J]. 山东外语教学, 2023, 44(6): 64-73.

[28] 朱旭东, 付钰, 靳伟等. 循证理念下教师教育研究对教师教育政策制定的影响研究 [J]. 中国教育学刊, 2022, (12): 40-44+87.

作者单位：1. 上海外国语大学中国外语战略研究中心、语言科学研究院，上海 200083
2. 上海应用技术大学外国语学院，上海 201418

Autoethnographic Exploration of Collaborative Teaching: The Dual-Instructor Model in Advanced Translation Course

自我民族志视角下的合作教学模式
——以《高级英汉互译》中外教双师合作教学为例①

肖维青

提要：本文以《高级英汉互译》课程中外教双师合作教学为例，采用自我民族志研究方法，探讨合作教学模式在翻译专业教学中的应用与效果。通过对教师教学周记的分析，揭示了双师合作教学在学生反馈、教师合作关系、教师个人专业发展等方面的优势与挑战。研究发现，合作教学模式能够提升教学质量，并通过理论与实践相结合的方式拓宽学生的学术视野；同时，教师合作关系的动态演变（从"平行"到"趋同"关系）及双方在教学改进与学术合作方面的专业成长，进一步彰显了该模式在促进教师职业发展方面的价值。本研究为翻译专业的创新教学模式提供了有益启示，并强调了自我民族志在教学研究中的独特价值。

关键词：合作教学；自我民族志；翻译教学；教师发展

Abstract: Taking the collaborative teaching model in the *Advanced English-Chinese Translation* course as a case study, this research employs an autoethnographic methodology to investigate the application and efficacy of collaborative teaching in translation pedagogy. By analyzing teachers' weekly reflective journals, the study illuminates the advantages and challenges of dual-teacher cooperative teaching in terms of student feedback, teacher collaboration, and individual professional development. It was found that the cooperative teaching model enhances quality of teaching and broadens students' academic horizons by integrating theory and practice. Meanwhile, the dynamic evolution of teacher collaboration (from "parallel" to "convergent" relationships) and the professional growth of both parties in terms of teaching improvement and academic cooperation further confirm the value of this model. This study provides valuable insights into innovative teaching models for translation programs and underscores the unique value of autoethnography in educational research.

---

① 本文得到上海市东方英才计划教师项目（2023）支持。

Key words: Collaborative Teaching; Autoethnography; Translation Pedagogy; Teacher Professional Development

一、引言

当前，大学层面的外语教学研究呈现多元化和创新发展的态势，既有语言技能的提高、跨文化交际能力的提升、批判性思维等高阶能力的培养，还涉及到教学模式的创新、技术的应用以及跨学科合作等方面的探讨。本文将以教学模式创新作为研究的起点：所谓教学模式是指在一定教学思想或教学理论指导下建立起来的较为稳定的教学活动结构框架和活动程序，为教师提供了一个具体化、可操作的教学行为框架。教学模式的选择与设计在外语教学中占据核心地位，它不仅关系到教学目标的实现，也是提高教学效率和质量的关键因素之一。目前，为改变传统教学模式所带来的弊端，一些新兴的教学模式和技术正在逐步被尝试应用到实际教学中，如项目式学习（PBL）、翻转课堂、混合式教学、AI 赋能教学以及合作教学等。合作教学（Collaborative Teaching）近年来逐渐受到外语教学界的广泛关注，这种教学模式通过两位或多位教师的合作形式，不仅能够提供更丰富的教学资源和方法，弥补因单一视角局限而导致的专业知识教学缺位，还能强化文化背景知识，有效促进学生的跨文化交流能力和语言应用能力的提升（Hutchinson & Waters 1987）。然而，尽管合作教学模式具有诸多潜在优势，其在实际应用中仍面临诸多挑战，如教学理念差异、教学难度协调和时间分配不均等问题（Ghezali 2021: 20–21）。

从 2018 年开始，笔者分别在两门课程中实施了合作教学模式：《高级英汉互译》课程主要采取中外教双师合作教授的方式，2018–2022 年与美国汉学家 A 先生合作，2024 年又与来自英国罗素集团大学的 B 博士[①]合作，该课程分别获批国家级一流课程（2023）和上海市一流课程（2022）；而《英美影视翻译》则从 2019 年开始探索产教融合的"教学合伙人"理念，针对字幕翻译单元、口述影像（即无障碍电影）

---

① 在开展研究前，针对涉及与两位外籍同事合作的内容，已获取对方的知情同意。基于学术伦理与隐私保护原则，文中隐去其真实姓名，分别以"A 先生"与"B 博士"代称，B 博士毕业院校也相应改为"罗素集团大学"。

单元、游戏本地化单元邀请上海电影译制厂专职译者、上海国际电影节字幕译者、无障碍电影工作室负责人、游戏本地化项目经理等业界人士与主讲教师合作授课，通过讲座、微讲座、工作坊、实地采风等活动，培养学生的视听翻译实战能力和专业素养，该课程也获批上海市一流课程（2024）和上海市重点建设课程（2024）。

本研究将尝试引入自我民族志的研究方法，从以上课程中选取《高级英汉互译》一学期的双师合作经历探讨合作教学模式在翻译专业教学中的实际操作。自我民族志是一种质性研究方法，研究者通过自身的参与和反思，记录和分析自己的经历和感受，从而获得对研究对象的深刻理解（Adams et al. 2015: 1–2）。笔者将自我民族志引入合作教学模式的探究，目的在于从教师的视角出发，更为真切地展示实际教学中的优势与局限，为研究内容提供全面和多维的理解。

二、文献综述：合作教学

合作教学（Collaborative Teaching）是指由一名主讲人和一名或多名教学助手或合作者自愿联合工作，以互动和协作的方式开展课堂教学的一种直接合作形式。这些教育合作者拥有独特或互补的教学技能，通过不断努力，发挥各自角色优势，共享教学资源，共同承担教学任务，为所有学生学业成功的目标共同努力（Bauwens & Hourcade 1997，引自柏桦，牟宜武 2009: 45）。从学习者的角度看，合作教学模式主要基于社会建构主义（Social Constructivism），即强调知识是在社会互动中形成的，学习者通过与他人的交流和合作，能够更好地理解和掌握知识（Vygotsky 1978）。社会建构主义理论对于互动、合作和情境学习的关注为合作教学模式提供了坚实的理论基础。传统的单一授课模式由于缺乏互动以及实践机会，因此并不利于学生批判性思维和创新能力的培养。而双师合作模式通过教师之间的合作，可为学生提供一个更加丰富和多元的学习环境，增强学生参与度、促进师生互动，同时帮助学生在实际情境中应用语言技能，提高语言的实用性和有效性（Hyland 2022）。

除了学理上的理论基础，合作教学模式在新形势下也能更好地回应国家发展需求。《中国教育现代化2035》和《关于深化教育体制机制改革的意见》，均强调了培养创新人才的重要性，提倡跨学科的教育模式，以适应社会和经济发展的需要。此外，为更好地服务国家"四新"建设战略，根据《国务院办公厅关于深化产教融合的若干意见》（2017）以及《加快推进教育现代化实施方案（2018–2022年）》（2019）的要求，提倡加强产教融合师资队伍建设，创新人才培养模式。而合作教学模式融合了多种教学模式（含师资和学科资源）的优势，通过整合学科内容和语言学习，可有效促进学科专业教师和语言教师之间的合作，更好地培养学生的创新能力和实践能力，从而为社会和经济发展培养所需的创新人才，符合国家战略对创新人才培养的要求。

一方面，由于国家社会经济发展对综合性创新人才的需求日益增加，传统的单一教师授课模式难以满足学生多方面发展的需求，因此学科交叉和融合的趋势使得教师之间的合作变得尤为重要；另一方面，教育技术和信息技术的发展为异地教师之间的合作、母语不同的教师之间的合作以及教师与 AI 之间的合作提供了更多便利条件。

为实现成功的合作教学，Takes（1993: 311–344）提出了四种教学类型，分别为：1）平行关系（两位教师独立展开工作，各自为政，缺少沟通，一位或两位教师对合作伙伴不满意）；2）附属关系（一位教师处于附属地位，一方或双方对合作教师不满意）；3）趋同关系（两位教师观点一致，能够朝着商定的教学目的努力，在现有的课堂结构内实现共同的教学目的，并且对彼此的工作满意）；4）转型关系（两位教师观点一致，能够朝着商定的教学目的努力，这些教学目标超出了现有的课堂结构限制，且教师之间彼此满意）。这四种关系可以看作是一个连续谱上的不同层次，从最低层次的平行关系到最高层次的转型关系。平行关系是最基本的层次，教师之间几乎没有合作和沟通。旁支/附属关系稍微高一级，教师之间有表面的合作，但存在权力不平衡。趋同关系更高一级，教师之间有实质性的合作和共享决策，但可能局限于现有的课堂结构。转型关系是最高的层次，教师之间有高度的合作和创新，能够突破现有结构的限制。如果说 Takes 是从理论上为合作教学提供类型划分的借鉴，那么 Friend & Cook（1993: 8）则是从实践层面对于合作教学的模式做了比较细致的归类，他们认为合作教学大体归为五种：1）一教一助（两位教师均在场，一位主导教学，一位担当辅助）；2）分站教学（教师各自负责所属教学部分，学生亦可独立学习，最后所有学生回到站点）；3）平行教学（教师合作设计教学，但是每人教授班级一半的学生）；4）交替教学（一位教师带领一小群学生预教、重教、补充或丰富教学内容，另一位教师指导大群体）；5）团队教学（两位教师共同指导学生，轮流主持相关教学工作）。

在外语教育学界内针对合作教学模式的探究有诸多面相，主要集中在合作教学与教师专业能力发展（Timothy Stewart & Bill Perry 2005；Ghezali，Amina 2021；柏桦，牟宜武，2009）、合作教学效果（Robinson et al 1995: 57；Gladman 2015；范烨，孙庆祥，季佩英，2023）以及合作教学在特定目的英语教学中的应用（Dudley-Evans & St John 1998; Hutchinson & Waters 1987; John & Dudley-Evans 1980）等方面的研究，少数学者在合作教学理论框架的建构方面亦有初步探索（Takes 1993；Bauwens & Hourcade 1997; Friend & Cook 1993）。这些实践和理论研究结果表明，合作教学模式不仅能够提高教学质量和学生的学习效果，还能够促进教师的职业发展。然而，从现有研究可以看出，与国外对于合作教学的丰硕成果相比，国内学者在此领域的研究较为薄弱，且研究方法和研究对象比较单一。现有的研究方法多采用量化研究，如问卷调查和实验设计，较少采用质性研究方法，如访谈、观察和自我民族志方法，而单一的研究方法可能无法全面揭示合作教学模式的复杂性和多维性。

三、研究方法：自我民族志

如前所述，笔者有着两门课程、历时六年的合作教学实践经验，而且保持着撰写教学日志或周记、用邮件记录教师间交流的习惯，出于材料获取与分析的便捷性考虑，本研究拟采用自我民族志的研究方法。

自我民族志（autoethnography）是一种结合了个人叙述和民族志研究方法的自传体裁的写作和质性研究方法，旨在通过描述和系统分析个人经历来理解文化经验（Ellis 2004: 37）。这种独特的视角有助于揭示传统研究方法难以捕捉的社会和文化现象Foster（2014）、促进自我的反思（Hains-Wesson & Young 2016）。此外，自传体的写作和研究风格挑战了传统的研究方式和表征他人的方式（Spry 2001），将研究视为一种政治的、社会正义的和社会意识的行为，更多强调研究者的主观体验和反思，通过个人故事揭示更深层次的社会和文化意义（Ellis & Adams & Bochner 2010）。事实上，自我民族志这一术语自20世纪70年代就已存在，但在21世纪初才借由女性主义/后结构主义的作品在人类学、心理学、护理学、职业治疗、新闻学和生活史等广泛的研究领域流行开来（Choi 2017: 29）。与自传不同，后者是对一个人整体生活史的叙述，而自我民族志主要集中于与探讨的具体问题相关的生活经验，从这个意义上讲，自我民族志是一种由研究者主动将文字、音频和视觉文件融合的结果，旨在为读者提供一个关于单一问题或案例的完整画面（Arikan 2015: 78）。作为一种质性研究方法，自我民族志具有以下特点：主观性、反思性与叙述性（Ellis 2004）。第一，主观性。在传统民族志研究中，研究者通常以第三方身份进入研究现场，对特定群体或文化进行观察、记录和分析，而自我民族志研究的主要来源是研究者个人的记忆，允许研究者表达自己的情感和观点，从而使得研究更加真实和生动。第二，反思性。自我民族志强调研究者的反思过程，通过反思个人经历，研究者可以更深入地理解自己的行为和感受。第三，叙述性。自我民族志通常采用叙事的形式，通过故事讲述来传达研究者的个人经历和感受。这种叙述方式不仅能够吸引读者的注意，还能帮助读者更好地理解研究者的观点。这些特点使得自我民族志成为一种独特的视角和方法，可为研究者提供更为深刻的洞察力和丰富的数据来源。

目前自我民族志的研究方法已在诸多领域得到广泛运用，但是国内外语教育界使用此研究方法的案例却不多，国内学者仅在教师专业发展（邬易平 2020）、学生学习体验（Liao 2019）等方面做过尝试。笔者认为自我民族志可以为合作教学的研究提供一种补充。首先，自我民族志的主观性允许教师从个人视角出发，深入阐述合作教学中的个人经历和感受，更好理解自己的教学实践，这种个人化的叙述能够揭示传统研究方法可能忽视的细节和深层次的动机。比如，通过自我民族志的研究，教师可以通过教学日志分析自己在合作教学过程中的挑战、成功和失败，从而为合作教学的优化提供直接的经验和见解，进而采取行动提升教学质量。其次，自我民族志的反思性或反思性实践（reflective practice）要求教师对自己的教学实践进行深入的思考和批判。这种反思不仅能够帮助教师识别和解决合作教学中的问题，而且语言教师在教学中通过与学科教师之间的互动、反思，跨越学科界限，将有助于促进不同学科之间的交流和理解（Foster 2014），从而完善教学设计，提高合作教学效果。例如，教师通过自我民族志的方法，反思自己在合作教学中的角色和贡献，以及如何更好地与学科教师协作，共同提升学生的学习体验和成果。再者，通过记录和分析学生的学习经历，教师可以更好地理解学生的学习需求和挑战，评估学生的批判性思维过程（Hains-Wesson & Young 2016），从而设计更有效的教学策略，优化教学模式，进而提升教学效果（Banks 2000）。自我民族志方法的主观性和反思性可弥补传统教学研究的客观性和表面性，为合作教学模式的深入理解提供可能。通过这种互补性的研究方法，我们能够更全面地评估合作教学的实际效果，发现其优势和局限，从而为大学外语教学、外语专业教学的改进和发展提供有力的支持和指导，促进理论与实践的对话。

四、个案分析：《高级英汉互译》（2024）

在笔者主导的两门合作教学课程中，《高级英汉互译》比《英美影视翻译》更加具有合作特色，因为后者不是全部学程合作教学，而是大约有 1/3 的课时属于合作教学，《高级英汉互译》则是从开学前的教学设计、教学全过程到期末评估都是两位老师同时深度参与，所以本文选取《高级英汉互译》作为个案分析的对象。在这门课程双师合作教学的前 5 年，笔者是与一位精通汉语的美国汉学家 A 先生搭档，因为对方的交流习惯，中外教除了面对面交流和通电话外，主要的沟通方式为邮件往来，一共有 1550 封邮件，另有网课视频和线下课录像等资料，体量庞杂，囿于时间精力，本研究暂无法对这些历史数据进行详尽分析；2024 年笔者与另一位英语母语者进行新一轮合作，B 博士是英国人，翻译研究方向的博士生，精通五门语言，但是不懂汉语，从 2024 年 6 月开始我们重新设计这门课程到 2024 年 12 月课程结课，笔者在每周课程或讨论结束后用中文匆匆记下教学周记，一共 5488 个汉字，数据量相对较小，而且持续时间相对独立（即不太涉及其他干扰因素），适合本研究的小型规模，也算为自我民族志的研究方法抛砖引玉。

1. 外教在翻译课程中的角色

外教教授英语口语、写作甚至文学一直是各大高校英语专业的通用做法，那么，为什么让外教走进翻译课堂以及如何在不同的场景下实施中外教双师合作模式呢？教授过翻译课的中国教师应该都深有体会，如果是教英译汉，一般来说，经验丰富的中国翻译教师还是游刃有余的，偶尔也会遇到学生对原文理解上的挑战；但是如果教授汉译英，就经常是如履薄冰，因为这种译法与那种译法哪种更合适，并非非母语者那么容易洞察参透，至于要说服学生则更是难上加难。毕竟，翻译的国际惯例是译入母语，而译入英语并非中国译者和中国翻译教师的强项。所以，笔者在2018年萌生中外教双师合作的教学模式，就是锚定翻译教学过程中会遇到的两个绕不过去的问题，即汉译英"好不好"、英译汉"对不对"的问题。A先生显然是解决这两个问题的完美人选，不过合作伙伴可遇不可求，而即使是一位不懂汉语的英国外教B博士，也能在这两个问题上助力翻译教学。

第4周的教学周记里我写道：

……B博士虽然不懂汉语，但是他还是能在翻译课堂发挥自己的作用的，比如我们对原文的理解存疑时，他比AI更能活生生地提供自己的理解和想法。

第14周是笔者主讲学生试译的萨克雷的Vanity Fair（《名利场》节选），教学周记里是这样记录的：

之前和A先生合作的五年里我似乎没有讲过这篇，这学期重拾这部英国名著，大概因为合作者是英国人吧，这次课B博士的参与度很高。因为他是英语本族语使用者，我也会隔三差五提问他某些词语的理解，比如the brightest and honestest good-humor中的humor怎么理解，sandy-hair到底是指发质还是发色。

由此可见，中外教合作模式具有极好的实践价值，外教的母语直觉确实能弥补中国教师在译入语语感上的不足。如B博士对于"sandy-hair"的辨析直接修正了学生译文中的文化误读，这种即时性的反馈是AI工具无法代替的。不过，由于外教本人不懂汉语，其参与深度受限于语言单向通道，即能判断英文表达的适切性，却无法介入中文理解的纠偏过程，这种局限性就要求中国教师承担源语解读的引导责任。

2. 合作教学的学生反馈

如果对 2024–2025 年这个学期的教学周记进行词频分析，"学生"（46 次）是仅次于"B 博士"（67 次）的高频词，从一个侧面反映了我们的合作教学是以学生为中心的，而不是为了教学模式的创新而创新，平均每次周记（约 345 汉字）会提及"学生"3.07 次，每一周的教学周记我都记录下课堂里学生的反应，从不让这种合作教学成为教师个人的"秀场"。以第 1 周周记为例，我细心记录下学生的反应：

> 学期第一节课主要和学生介绍了课程的内容和授课模式——双师授课，我注意到他们看老师的眼神里有光：学生看到一位又高又帅的英国年轻人，且是名校学霸，还是心花怒放的，总比和一个中年女教师"厮混"一个学期有看点。当然他们在选课时应该就注意到了这种双师模式。……这节课我给学生做了 translator profile presentation 的示范，请 B 博士提问，我来回答，并告知学生之后的 Pre 也是限时且有问答环节的，B 博士负责提问，这样的配置可以加强学生准备英文材料时的强度。

学生的积极反馈是合作教学模式的成效明证。学生因外教"学霸光环"眼前一亮，课堂吸引力显著提升。这种双师模式的教学通过真实互动激发了大家的学习兴趣，印证了该模式"叫好又叫座"的双重成效。

3. 理论在翻译实践课程中的角色

B 博士不懂汉语，但是是一位从事翻译研究的青年学者，所以我把与他的合作设计成了 Friend & Cook（1993: 8）所谓的"团队教学"，即两位教师共同指导学生，轮流主持相关教学工作：笔者负责整个学期 3/4 学时的实践内容，这些教学活动由我主导，B 博士辅助；而剩下的 1/4 学时相应地融入理论内容，这是《高级英汉互译》课程名中"高级"的应有之义，当然也是 B 博士自己的专业特长，这些教学活动由他主导，我辅助。

第 14 周的教学周记有这样的记录：

这周还是 B 博士来主导课堂，他选取的一篇文献是 Mona Baker 2010 年的经典论文 Narratives of terrorism and security: 'Accurate' translations, suspicious frames，讨论危机中的翻译问题，在俄乌战争、巴以冲突的背景下有一定时代意义，而且这一篇较前三篇文献更加接地气，本科生比较容易理解。这篇文献让学生看到了翻译在战争中的力量，甚至是塑造世界的力量，能够拓宽学生的视野，加深对所学专业的洞察。

在期末的教学评价中，有 87.5% 的学生对高年级翻译课不完全讲实践，而是导入一些经典翻译文献持"非常肯定"或"肯定"的态度，这也让我重新审视了翻译课程的内容配置以及课程教学大纲的制定。

4. 教师合作关系的变化

如 Takes（1993: 311–344）所提出了四种合作教学类型：平行关系、附属关系、趋同关系以及转型关系，据我的观察和反思，两位教师也不断磨合中，从平行关系逐步向趋同和转型关系发展。

从第 2 周、第 5 周教学日志里我的"忧心忡忡"与第 13 周的教学日志记录下的我的"欣赏佩服"形成了鲜明的对比：

B 博士主导的第一课还是让我捏把汗，……（第 2 周）

B 博士主导讲授 Venuti 2019 年的 Contra Instrumentalism（《反工具性翻译》），学生课前布置了阅读，就是该书的第一章，内容很深，文字很晦涩，学生的反映是每个字都认识，但是串在一起不知道是什么意思，B 博士能把这么难的理论讲清楚吗？上午的课即使在我的穿针引线下，还是比较煎熬，在他讲完之后我即兴进行了总结，我才看到学生略有所悟的样子。（第 5 周）

B 博士第四次主导课堂，更加自信不说，还有至少两个优点：1. 他把四次翻译理论课程进行了串联，在课件中有两处复习了翻译理论的研究内容和意义，并在结尾处再次点题，这种时时有大局的教学就不会因为双师而变得散乱；2. 他非常善于观察，居然发现我们教学楼一楼有一个 Mona Baker 中心，一个学界大咖就变成了我们的邻居，学生也不再觉得翻译理论家离我们很有距离。

……我总是沉浸在怀念 A 先生和我合作的五年，其实 B 博士也有他的优势，他的口头表达能力更强，声音有吸引力，对于翻译的学术理解更加前沿。（第 13 周）

5. 教师个人专业发展

在我国大学外语教育界比较多见的往往是语言教师和专业教师的合作教学，Dudley-Evans & St John (1998: 42) 指出，语言教师和各专业院系的合作往往能够提升学术英语教师在专业院系中的地位（引自范晔等 2023: 13），那么像笔者翻译课的这种合作模式对于教师个人的专业发展有什么作用呢？仅选取第 5 周和第 8 周教学周记的部分内容为例：

（上午）课后我和 B 博士在教室里逗留了一会儿，我指出 1. 有哪些内容不需要细讲，从施莱尔马赫讲到韦努蒂，整个线索已经非常哲学和抽象，再过多地铺陈往往会把学生绕进去；2. PPT 中的汉语翻译可以删除，因为机器翻译非常生硬，而且有错误，会误导学生；3. 教学的节奏不够好，需要像上次讲 Haun Saussy 的书章那样有学生活动（如讨论），诸如此类。B 博士到底是一个年轻老师，经验不足，但是他从善如流。下午的课堂有了很大的改进，他在中午对 PPT 进行了改进，课堂调度也更加灵活、有节奏感，我的提纲挈领也更加到位。合作教学的一个好处是会有同行真实地反馈，教学才能稳步进步。（第 5 周）

这周我们去浙大做双师教学示范或者也可以说是一个讲座，教学内容是我们在上外上过两次的课程，一次比一次好，既然是到外校展示，需要更多的打磨，前几天我还在和 B 博士磨课件，他的问题是 1. 内容太深、且讲得不清楚；2. 学生互动活动少，气氛会比较闷。这次浙大的 demo 实际上课效果大大超出了前两次，浙大的几乎所有翻译老师都来参加了，甚至参与了课堂讨论，我们也组织了学生进行分组讨论，课堂气氛很活跃。……晚上和浙大同行的晚宴上，B 博士的祝酒词里热情洋溢地把我称为 mentor，感谢我对他各方面的引领，真是让人感动。回想起与 A 先生的合作，A 先生在某种意义上也是我的 mentor，现在这种传承得到了延续。（第 8 周）

与 B 博士相比，在教学上笔者显然更有经验，每次 B 博士要主导一次课，笔者除了事先要和他磨课件、设计好自己的角色，上完上午的课程，中午也会就我观察到的学生反应和我的切身感受，再次和他磨下午平行班的课件，调整自己的参与，这样就能不断有长进。显然 B 博士自己也能体会到这种教学上的提升，甚至他在撰写翻译研究的论文时也会征求我的意见，教学的合作扩展到了学术研究上。在笔者眼中，合作教学有点像说相声，捧哏逗哏，互相成就。在十五周教学周记的最后，我写下了这样的"补记"：

寒假中我还收到来自 B 博士的邮件，他把一直在写的比较文学的论文 Pu Songling in early Soviet translation 修订稿发给我审阅，我在寒假里也将把我们合作教学的中文论文完成，今年上半年为 UCL 翻译研究中心做的一场英文讲座也将以此为主题。显然，这种教学的合作已经超越了教学本身，合作教学对于教师的个人职业发展具有重要的推动作用。通过一个学期深度的探讨和课堂内的密切合作，B 博士从一个初出茅庐的教学新手得到了肉眼可见的成长，我们不仅提升了教学质量，还深化了对学科知识的理解，促进学术交流与创新。此外，合作过程中积累的经验和形成的教学成果也为我们的职业生涯增添了亮点，例如这次由 UCL 翻译研究中心举办的讲座，就是一个展示我们合作成果的绝佳机会。

五、讨论与结语

培养创新人才，必须有创新的教学模式。大学阶段的外语类课程，不论是公共英语还是英语类专业（含翻译专业），都可以适时采用具有创新性的合作教学模式，比如英语教师和专业教师合作、学科教师与行业导师的产教融合、中外教双师合作、主导教师与 AI 助教的组合等，每一种形式都有自己的应用场景和优势劣势。本研究采用自我民族志研究方法，以《高级英汉互译》课程一学期的双师合作经历为研究对象，分析笔者撰写的具有一定反思性的叙述性教学周记，探讨合作教学模式在翻译专业教学中的实际操作，包括普适性的问题，如学生对合作教学的反馈、教师间合作关系的变化、教师的个人职业发展，也包含与翻译专业教学密切相关的话题，如外教在翻译课堂中的角色、翻译理论在翻译课堂中的作用等，以期对翻译专业创新教学模式有所启发。

本研究有如下发现：即使不懂汉语的英语母语者外教也能有效参与翻译教学，特别是在提升学生对原文理解、提供更地道的目标语言表达以及解释文化差异方面发挥重要作用；通过对教学周记的分析显示，这种合作教学模式得到了学生的高度认可和支持，学生们不仅对新颖的教学模式感兴趣，而且也感受到了其对自身学习效果的积极影响；此外，两位教师的合作关系从最初的平行关系逐步发展为趋同乃至转型关系，这表明随着时间推移和相互了解的加深，合作变得更加协调和高效；合作教学不仅促进了教师之间的学术交流与创新，提高了教学质量，同时也推动了双方的职业发展，例如共同撰写论文、参加国际会议等；根据合作教师的专业特长，在翻译课程中适度引入翻译理论能够拓宽学生的视野，加深他们对所学专业的洞察，并且大多数学生对这种做法持正面态度。当然，中外教师双师合作也会有一些操作层面的挑战：倘若外教既不懂中文又不精通翻译研究，该如何调度课堂教学内容的比例；更实际一点的问题还包括如何计算课时与工作量等。

值得注意的是，在研究方法方面，尽管自我民族志研究者相较于民族志研究者在数据收集方面有很大的优势，即可将大量来自个人的实践经历作为数据材料。但是由于自我民族志所体现的个人记忆在定性研究中存在一定局限性，可能会引发关于研究的有效性和可靠性的问题（Choi 2017: 30）。因此，为了避免研究结果流于主观之弊，研究者（autoethnographers）需要像其他研究实践一样，借助更广泛的数据来支持自己的论点，既要有内部数据（来自研究者的个人记忆）作为主要材料，亦应收集外部数据（问卷、访谈等）以做补充。通过多种数据来源进行三角验证（triangulation），帮助提高自我民族志研究的准确性和有效性（Chang 2007: 217）。虽然在自我民族志中，研究者本人从自身出发，只写自己生活中的单一案例，但正如 Corbett 所言，自我民族志观察者可以"朝着更大的一般化方向努力，而这些一般化的概括结果可以通过访谈和图书馆研究得到验证"（2003: 108），这就使得自我民族志的研究方法具有了合理性、科学性以及普遍的适用价值。

参考文献

[1] Adams T E.& Jones S. R. & Ellis C. *Autoethnography: Understanding Qualitative Research*[M]. Oxford University Press, 2015.

[2] Arikan A. An autoethnography of teaching English to young learners: from theory to practice [J]. *The Anthropologist*, 2015, (20): 77–85.

[3] Banks S P. & Banks A. Reading "the critical life": Autoethnography as pedagogy[J]. *Qualitative Inquiry*, 2000, (6): 226-244.

[4] Bauwens J. & Hourcade J J. Cooperative teaching: Pictures of possibilities [J]. *Intervention in School and Clinic*, 1997, (33): 81-85,89.

[5] Chang H W. Autoethnography: Raising cultural consciousness of self and others[A]. In G. Walford (ed.), *Methodological Developments in Ethnography: Studies in Educational Ethnography*[C]. Bingley: Emerald Group Publishing Limited., 2007: 207–221.

[6] Choi J. *Creating a Multivocal Self — Autoethnography as Method* [M]. New York and London: Routledge, 2017.

[7] Corbett J. *An Intercultural Approach to English Language Teaching* [M]. Clevedon: Multilingual Matters, 2003.

[8] Dudley-Evans T. & St John M J. *Developments in English for Specific Purposes: A Multi-disciplinary Approach*[M]. Cambridge: Cambridge University Press, 1998.

[9] Ellis C. *The Ethnographic I: A Methodological Novel about Autoethnography* [M]. Walnut Creek, California: Rowman & Littlefield Publishers, Inc.,2004.

[10] Ellis C.& Adams T E. & Bochner A P. Autoethnography: An Overview [J]. *Forum: Qualitative Social Research*, 2010, (12): Art. 10. http://www.jstor.org/stable/23032294.

[11] Foster E. Communicating beyond the discipline: Autoethnography and the "N of 1" [J]. *Qualitative Research Reports in Communication*, 2014, (15), 1-10.

[12] Friend M. & Reising M. & Cook L. Co-teaching: An overview of the past, a glimpse at the present, and considerations for the future [J]. *Preventing School Failure: Alternative Education of Children and Youth*, 1993, (37): 4,6-10.

[13] Ghezali A. Collaboration between ESP and content teachers: Challenges and advantages [J]. *International Journal of English Language and Translation Studies*, 2021, (9): 16-24.

[14] Gladman A. Team teaching is not just for teachers! Student perspectives on the collaborative classroom [J]. *TESOL Journal*, 2015, (6): 130-148.

[15] Hains-Wesson R. & Young K. Using autoethnography to explore collaborative teaching practices in higher education [J]. *Teaching in Higher Education*, 2016, (21), 431-444.

[16] Hutchison T & Waters A. *English for Specific Purposes: A Learning-Centered Approach* [M]. Cambridge: Cambridge University Press, 1987.

[17] Hyland K. English for Specific Purposes: What is it and where is it taking us? [J]. *ESP Today*, 2022, (10): 202-220.

[18] Johns T F. & Dudley-Evans A. An Experiment in team-teaching of Overseas Postgraduate Students of Transportation and Plant Biology [A]. In British Council (ed.). *Team Teaching in ESP* [C]. London: British Council English Teaching Information Centre, 1980: 6-23.

[19] Liao W. & Maddamsetti J. Transnationality and teacher educator identity development: A collaborative autoethnographic study [J]. *Action in Teacher Education*. Online Version, 2019, 1-20. Doi: https://doi.org/10.1080/01626620.2019.1604275.

[20] Robinson B. & Schaible R M. Collaborative teaching [J], *College Teaching; Spring*, 1995, (43): 57. online version: https://www.eoas.ubc.ca/research/cwsei/resources/MI/Robinson,%20Betty,%20&%20Schiable%20Robert%20M.%20(1995).pdf

[21] Spry T. Performing autoethnography: An embodied methodological praxis [J]. *Qualitative Inquiry*, 2001, (7): 706-732.

[22] Stewart T & Perry B. Interdisciplinary team teaching as a model for teacher development [J]. *TESL-EJ*, 2005, 9(2): 1-17.

[23] Takes M J. *Cooperative Teaching as a Method of Collaboration between Regular and Special Educators in an Integrated Setting* [M]. University of Northern Lowa, 1993.

[24] Vygotsky L S. *Mind in Society: The Development of Higher Psychological Processes*

[M]. Cambridge, Massachusetts: Harvard University Press, 1978.

[25] 柏桦，牟宜武，Lydianne Loredo. 中外教师合作教学对学生和教师能力发展的作用研究 [J]. 外语教学理论与实践，2009, (4): 45-54.

[26] 邬易平. 成长的声音——大学英语教师教研成长的自我民族志研究 [M]. 杭州：浙江工商大学出版社，2020.

[27] 范烨，孙庆祥，季佩英. "四新"建设背景下专门用途英语课程跨学科合作教学模式探究——以复旦大学学术英语（医学）课程为例 [J]. 外语，2023, (5): 8-15.

作者单位：上海外国语大学英语学院，上海 200083

走出象牙塔的翻译教育
——《走出象牙塔：翻译教育再思考》书评

杨洋

自 2006 年试办"翻译"本科专业以来，我国的翻译专业教育已走过近二十年的发展历程。翻译作为一门应用学科，始终与市场需求相结合，从以笔译为主、口笔译结合到会议口译等细分专业的出现，翻译专业设置和人才培养模式紧随时代的发展，历经了多次转向。

近年来，随着翻译行业职业化和信息技术的快速发展，"现代翻译服务正朝着语言服务这一广大领域延伸"（柴明颎，江帆 2016: 5）。"语言服务指以语言能力为核心，以促进跨语言、跨文化交流为目标，提供语际信息转化服务和产品，以及相关研究咨询、技术研发、工具应用、资产管理、教育培训等专业化服务的现代服务业。"（本书前言）在全球语言服务行业发展的大背景下，顺应时代和对接行业需求已经成为共识，不少学者已经倡议应该培养语言服务人才（穆雷，沈慧芝，邹兵 2017；王立非 2021）。

然而，应该如何培养语言服务人才，培养什么样的语言服务人才？

2024 年，上海外语教育出版社正式推出"新文科语言服务学术文库"，由北京语言大学王立非教授担任丛书专家委员会主任，系统性地引进出版了七种语言服务著作，并邀请专家撰写中文导读。丛书每一种关注语言服务的具体不同领域，为在新文科时代背景下的语言服务人才培养提供了指南。

目前来看，语言服务人才培养的主阵地仍然是在翻译专业教育中。我国已有逾 300 所院校开设 MTI 专业学位，但仍然不能满足语言服务发展对人才的需求（崔凌霄，李淑华 2024）。我们的翻译教育何以与人才培养有落差？我们应该如何反思翻译教育？

布莱恩·詹姆斯·贝尔（Brian James Baer）和杰弗里·S. 科比（Geoffrey S.

Koby）所编的《走出象牙塔：翻译教育再思考》（*Beyond the Ivory Tower: Rethinking Translation Pedagogy*）为审视翻译教育提供了抓手。

本书原版为美国翻译家协会学术专著丛书之一，由 John Benjamins 出版社出版。布莱恩·詹姆斯·贝尔是美国肯特州立大学俄语与翻译研究教授，期刊《翻译与口译研究》（*Translation and Interpreting Studies*）的创刊编辑，现任美国翻译与口译研究协会（American Translation and Interpreting Studies Association）主席。杰弗里·S. 科比为肯特州立大学翻译研究与德语教授，现任美国翻译协会（American Translators Association）主席。两位主编均具有丰富的翻译、翻译研究与翻译教学经验。本书所收录的各篇文章的撰写者也都既是翻译从业者，又是翻译教育者，其二元身份在本书的编写中体现了对翻译行业需求的敏锐以及对教学的切身体会。

本书除了绪论外，共分为"翻译过程取向的研究""翻译结果取向的研究""翻译相关技术"三个部分，收录十二篇论文。

在本书的绪论中，两位主编指出，围绕翻译教学理论与实践关系的争论由来已久。"自然翻译"理念的倡导者认为翻译是双语者的固有技能，实际上将翻译教学与语言教学混为一谈，极大地忽视了翻译教学本身的特点与要求。"本书关注的是在翻译教学理论与实践争议中通常被忽视的教学问题"（Viii），旨在通过对这些翻译教学具体问题的讨论打破理论与实践之争的僵局。如今，传统的将知识传递给被动学习者的模式已然不适应时代需求，无法培养出具有解决问题能力的译者。实际上，如何进行翻译教学和教学内容本身一样重要。尤其在技术飞速发展的当下，翻译教学不应注重"陈述性知识"，而应传递"程序性知识"，最重要的是培养学生应对技术发展与挑战的能力。

本书的第一部分围绕翻译表现的教学理念和思考。第一篇论文首先旗帜鲜明地倡导翻译教学的范式转换，倡导社会建构主义范式。所谓社会建构主义，指的是"知识和理解是认识主体建构的"（钟启泉 2001: 45）。在这一范式的指引下的翻译教学，主张用"以过程为导向的翻译教学方法"替代传统的以教师为中心的教学法，通过"合作学习"让学生获得知识而不是教师的单向输入，号召管理者、教师与学生一起，为翻译教育转型贡献力量。第二篇论文借鉴了二语教学领域的相关理论，倡导培养"翻译交际能力"，在建立这一翻译教学目标后，通过课程实例，给出如何培养该能力的相关方案。第三篇论文聚焦有声思维法（Thinking-aloud method），认为通过这一展现思维过程的方法，可以在翻译教学中更好地诊断和关注学生在处理翻译任务时的问题。第四篇论文强调重塑译者的自我认知，翻译并不意味着缺乏创造力和主动性，认为在翻译教学中应当建立起对译员正确自我形象的认识，将翻译视为目标语言写作来教授。

本书的第二部分关注翻译教学中与译文相关的内容，包括译文的评估、评价和文本修订。第五篇论文关注学生的自我评估，介绍了"课程评估"和"职业评估"两种不同类型的评估和操作方法，主张学生可以通过对自我的评估构建信心，为成为专业译员做好准备。第六篇论文探索了教学环境中的翻译评估与流程和翻译行业内的质量评估及流程的差异，倡导建立更普适的翻译质量评估流程和指导原则。第七篇论文则着眼于翻译教学中较常被忽视的文本修改，以开设的多语文本修改课程为案例研究，探索该翻译课程设置的经验与收获。第八篇论文关注文学翻译译文中的译者因素，通过翻译工作坊进行研讨的形式，促使学生对与译者身份相关的因素进行思考。第九篇文章强调在教学中培养翻译交际能力，指出文本具有功能，而译文需要呈现源文本的交际目的。

第三部分讨论了技术的发展在翻译教学中的应用与挑战。第十篇论文将语料库技术应用在翻译教学中，提出了基于语料库的翻译教学模式，鼓励学生通过自建语料库成为独立的学习者。第十一篇论文提出，新技术在各个方面影响了翻译行业，行业的变化要求译员掌握各类"超语言"技能，这也对翻译教学提出了新的要求。采用"任务型教学法"可以结合不同教学目标，帮助学生以任务为中心，尝试和应用新技术手段。第十二篇论文以具体的本地化教学为例，探索了本地化教学的方式与问题，建议未必擅长技术使用的传统翻译教师和学生共同合作，构建学习相关技术知识的良好环境，培养学生认知技术的能力。

正如本书的书名所强调的，翻译教育应当"走出象牙塔"，本书从翻译过程、翻译产品和技术转向等方面反思翻译教育，倡导翻译教育始终从实践出发，积极关注并回应翻译行业的发展和迅速变化的需求。书中展现的对翻译教学方式的思考、对以学生为主体的课堂模式的倡导和对技术应用的态度可以为我国的翻译教育提供借鉴。

如今，我国翻译专业建设"整个体系非常完整，又兼备差异性，形成了一个非常复杂的学科和专业体系"（许钧 2023: 69）。在体系建设基本完备的基础上，如何面对时代需求发展翻译教育，在价值引领背景下培养翻译和语言服务人才，对翻译教育的思考始终具有现实和长远意义。

参考文献

[1] 柴明颎，江帆. 翻译职业与专业教育：问题与对策 [J]. 东方翻译，2016, (01): 4-10.

[2] 崔凌霄，李淑华. 翻译专业博士知识能力培养研究 [J]. 上海翻译，2024, (05): 37-42.

[3] 穆雷，沈慧芝，邹兵. 面向国际语言服务业的翻译人才能力特征研究——基于全球语言服务供应商100强的调研分析 [J]. 上海翻译，2017, (01): 8-16+94.

[4] 王立非. 从语言服务大国迈向语言服务强国——再论语言服务、语言服务学科、语言服务人才 [J]. 北京第二外国语学院学报，2021, 43(01):3-11.

[5] 许钧. 关于新时期翻译教材建设的若干思考 [J]. 当代外语研究，2023, (02): 67-69.

[6] 钟启泉. 社会建构主义：在对话与合作中学习 [J]. 上海教育，2001, (07): 45-48.

作者单位：上海外语教育出版社外语教育学术出版中心，上海 200083

《外语教师发展研究》集刊征稿启事

教师是立教之本、兴教之源，强国必先强教，强教必先强师。《中共中央 国务院关于弘扬教育家精神加强新时代高素质专业化教师队伍建设的意见》指出，要努力打造一支师德高尚、业务精湛、结构合理、充满活力的高素质专业化教师队伍，到 2035 年，实现教师队伍治理体系和治理能力现代化。

在教育数字化的时代背景下，面对人工智能等新技术革命的浪潮，外语教师发展既存在挑战也面临重大发展机遇。外语教师作为语言和文化的传播者，作为连接不同民族思想文化的桥梁和纽带，是向世界讲好中国故事的重要力量，是民心相通的重要通道，在中国对外国际传播中承担着重要使命。

2023 年，中国高等教育学会与上海外国语大学共同设立建设**中国高校外语教师发展研究院**，致力于打造高水平、专业化、国际化教师发展研究与学术交流平台，助力外语教师在实现自我发展的同时，在教育高质量发展、拔尖创新人才培养和跨文化国际传播中发挥关键和核心作用。

《外语教师发展研究》由中国高校外语教师发展研究院主办，聚焦国内外外语教师教育与教师发展研究前沿，为各级各类外语教师专业发展和职业成长提供交流教学经验、发表科研成果、分享育人心得、展现自我成长的互益平台，引领外语教师教学创新，促进人才培养模式创新，深化教师交流合作，助力教师的继续教育和终身教育。

我们真诚地欢迎广大外语教师和研究者积极投稿，分享您的研究成果和教学经验，共同促进中国外语教育事业的繁荣与发展。

投稿范围：

欢迎涉及外语教师教育与发展各个方面的研究论文，包括但不限于以下主题：

1. 教师教育理论
2. 教师职业发展
3. 教师素养与能力提升
4. 教师培训与继续教育
5. 会议述评
6. 国际教师教育
7. 名家访谈/论坛
8. 书评
9. 外语动态

一、投稿要求：

1. 投稿文章应为原创研究成果，未在其他刊物、平台上投稿或发表。

2. 文章需使用标准学术语言撰写，论文一般在 5,000–10,000 字之间，书评一般在 3,000–5,000 字之间。

3. 论文请按中文标题、中文提要、中文关键词、外文标题、外文提要、外文关键词、正文、注释、参考文献顺序撰写，用 Word 软件处理。

4. 稿件作品以 Word 格式作为附件，发送至编辑部邮箱：wyjsfzyj@sflep.com，并将邮件题目注为"投稿＋题目＋作者姓名"。请在邮件正文中提供您的联系方式、个人简介以及论文摘要。纸质投稿请另页写明作者姓名（发表时可用笔名）、工作单位、职称（或职务）和详细通讯地址，包括邮编、电话号码、Email 地址等。

5. 文章格式应符合《外语教师发展研究》的投稿要求，请联系编辑部获取本刊稿件格式要求。

二、来稿处理:

1. 稿件文责自负。编辑可对拟用稿件作必要的修改或删节,不同意者请在来稿中事先声明。

2. 投稿 4 个月未获本刊录用通知,作者可另行处理。来稿恕不退还,请自留底稿。

3. 每一期截刊时间为当年 7 月 30 日。截止日期之后发来的稿件一般顺延至下一期。

4. 稿件一经发表,即赠当期《外语教师发展研究》两本。

5. 本刊后续拟入编中国知网及其系列数据库,其收录论文作者著作权使用费连同本刊稿酬一次给付。如作者不同意将文章编入上述数据库,请在来稿时声明,本刊将另行处理。

三、联系方式:

如有任何疑问或需要进一步信息,请随时与我们联系:

编辑部邮箱:wyjsfzyj@sflep.com

联系电话:021-55396179

地址:上海市虹口区大连西路 558 号《外语教师发展研究》编辑部

邮编:200083

教师是教育发展的第一资源,外语教师理应将教育家精神的理想、信念、情怀作为自我发展的内在动力与价值追求,以高尚的师德和卓越的业务能力为基石,矢志成为培养具有家国情怀、专业本领、国际视野的复合型、高素质和国际化拔尖创新人才的中坚力量。中国高校外语教师发展研究院和《外语教师发展研究》愿成为这一进程的参与者和贡献者。

感谢您对《外语教师发展研究》的支持与关注!

《外语教师发展研究》编辑部